铸牢中华民族
共同体意识研究丛书

瞿林东 著

中华民族史论 八讲

北京师范大学出版集团
BEIJING NORMAL UNIVERSITY PUBLISHING GROUP
北京师范大学出版社

题　记

　　这本小书所收录的八篇文章，大多作于近四五年，其中有两篇撰写的时间较早一些。

　　这几篇文章多以讨论中华民族相关联，既讲史，也讲论，故名之曰《中华民族史论八讲》。

　　从研究的专业来说，笔者并不专治民族学或民族史，但受历史的激励和时代的召唤，乃不揣谫陋，先后写成这方面的几篇文字，意在向各方面读者提供一个可供讨论的资料，同时也借此机会希望获得学术界尤其是专业研究工作者的批评，以达到进一步提高的目的。

　　书中各篇，均以当时发表时的题目与内容为准，基本维持不变，或可多少反映出各文发表时的学术环境，便于读者讨论、批评。唯一需要说明的是，书中《中华民族形成和发展的历史》这篇长文，系作者于 2022 年发表的《论中华民族形成和发展的历史》与于 2024 年发表的《论中华民族从自觉发展阶段迈向伟大复兴的新时代》两个姊妹篇结合而成，使古代和近现代联系起来，便于阅读和理解。

北京师范大学出版社刘东明、李春生、张梦旗三位同志先后担任此书编辑，交流中给我很多启发、很多帮助，我向他们表示谢意。

衷心期待各方面的批评、指正！

2024 年 6 月 16 日瞿林东
记于北京师范大学史学理论与史学史研究中心
铸牢中华民族共同体意识研究基地

目 录

第一讲

当代中国的重大国是
——铸牢中华民族共同体意识的历史内涵和现实意义*

习近平总书记指出:"做好新时代党的民族工作,要把铸牢中华民族共同体意识作为党的民族工作的主线。铸牢中华民族共同体意识,就是要引导各族人民牢固树立休戚与共、荣辱与共、生死与共、命运与共的共同体理念。"①

习近平总书记关于铸牢中华民族共同体意识的重要论断,反映了中华民族的历史内涵、发展规律和现实诉求,

---

* 本文选自首届铸牢中华民族共同体意识研究论坛主旨发言,原刊于《中国民族报》2021 年 6 月 22 日。

① 《习近平谈治国理政》第 4 卷,245 页,北京,外文出版社,2022。

是马克思主义民族理论中国化的最新成果，是当代中国的重大国是。

一、中华民族共同体是在中国历史进程中形成的

中国自古以来是多民族国家，自秦汉开始成为一个不断发展的统一的多民族国家。从很早的时候起，各族间就有了交往交流交融的历史。到了商、周之际，武王伐纣时，有庸、蜀、羌、髳、微、卢、彭、濮等族参与其事。[①]至晚，在《左传》等历史文献中，我们可以更详细地了解到春秋时期（公元前 770 年—前 476 年）诸华、诸夏与东夷、南蛮、西戎、北狄各族交往交流交融的历史，包括战争、会盟、通婚等。《论语·子罕》篇有"子欲居九夷"的记载，表明孔子在民族问题上的见识。

经过春秋、战国几百年的民族交往交流交融，诸华、

① 参见（清）阮元校刻：《十三经注疏·尚书正义》卷十一《牧誓》，388 页，北京，中华书局，2009。

诸夏在融汇各族的基础上，为秦汉以后的发展奠定了基础。"华夏"一词，较早见于《左传·襄公二十六年》"楚失华夏"，但春秋时期"华"与"夏"合称尚不普遍。"华夏"普遍连称，当在秦汉以后。

秦朝建立了统一的多民族国家，实行车同轨、书同文、行同伦等巩固统一的措施，其后又有汉武帝倡导儒家文化，从而极大地推动了华夏民族共同体的形成。到了南北朝时，人们称说"华夏"便习以为常了（参见范晔《后汉书》、沈约《宋书》、魏收《魏书》以及陈寿《三国志》裴松之注等）。

值得关注的是，自南北朝开始，隋唐以降，把"华夏"称作"中华"，是一个新的变化。唐太宗有一句名言："自古皆贵中华，贱夷狄，朕独爱之如一。"[1]唐代大史学家杜佑针对地理条件的不同和文化发展条件的差异，指出"古之中华，多类今之夷、狄"[2]，可谓当时最进步的民族观。

---

① （宋）司马光编著：《资治通鉴》卷一九八《唐纪十四》，6247页，北京，中华书局，1956。
② （唐）杜佑撰，王文锦、王永兴、刘俊文、徐庭云、谢方点校：《通典》卷一八五《边防序》，4979页，北京，中华书局，1988。

宋人有"尊中华，事大国，礼一也"①的说法，把"中华"和"大国"联系在一起，也是一个新的观念。元、明两代，"中华"一词已写在皇家祭祀的乐章之中，如"天扶昌运，混一中华"②，"千载中华生圣主，王气成龙虎"③。这显然是把"中华"和王朝联系起来，具有更丰富的内涵。

可以认为，秦汉以来，经过魏晋南北朝、辽宋夏金元两次大规模的民族交往交流交融，"中华"作为一个民族共同体，在吸收其他一些民族成分的基础上得以不断发展、壮大。

二、中华民族共同体意识是中国人民在反侵略斗争中的觉醒

1840年的鸦片战争，以及此后殖民主义、帝国主义对

①（元）脱脱等：《宋史》卷三二八《安焘传》，10565页，北京，中华书局，1985。

②（明）宋濂等：《元史》卷六九《礼乐三》，1721页，北京，中华书局，1976。

③（清）张廷玉等：《明史》卷三九《乐三》，1560页，北京，中华书局，1974。

中国的野蛮侵略和一系列不平等条约的签订，激起了中国人民的反抗斗争。正是在这种反抗斗争中，"中华"作为一个民族共同体的意识逐步觉醒起来。尽管这种觉醒在早期阶段还处于自在的状态，但已表现出观念上、认识上的变化。一是以往所谓"夷"，多指与"华"或"夏"相对应的国内民族而言，而鸦片战争后所谓"夷"，多指外国侵略者而言，如魏源所说"师夷之长技以制夷"[①]、梁廷枏著《夷氛闻记》、魏源著《夷艘入寇记》、曹晟著《夷患备尝记》等。二是与这种称谓相为表里的，是一些有忧患意识的士大夫起而致力于边疆史地的研究，如张穆的《蒙古游牧记》、姚莹的《康輶纪行》、何秋涛的《朔方备乘》等。姚莹在《康輶纪行·自序》中写道："莹自嘉庆中每闻外夷桀骜，窃深忧愤，颇留心兹事，尝考其大略，著论于《识小录》矣。"从这几句话中，可以看出当时的历史形势，也反映出一些具有忧患意识的学人的深刻思考。

[①]　（清）魏源：《海国图志》卷一，9页，长沙，岳麓书社，2011。

19 世纪末至 20 世纪初叶，中日甲午战争、八国联军侵华战争先后爆发。《马关条约》《辛丑条约》的签订，以及无视中国权益的《凡尔赛和约》，促使中国的有识之士更加清楚地认识到帝国主义列强的侵略本质，增强了反抗侵略的决心和民族共同体意识。1902 年，梁启超在文章中提出"中华民族"[①]这一概念，在学界和政界引发了强烈反响，人们把古已有之的"中华"和"民族"一词结合起来，进而对"中华民族"作了种种解释，一时受到热议。1917 年，李大钊发表《新中华民族主义》一文，提出"中华民族"是多民族统一的民族共同体，赋予中华民族共同体意识以准确的含义。近来有学者认为，《新中华民族主义》一文的发表可以视为中华民族实现由自在转变为自觉的鲜明标志，这是有道理的。所谓"自觉"，即是对中华民族共同体意识的自觉。

1919 年 8 月，青年时代的毛泽东在《湘江评论》上发

---

① 梁启超：《饮冰室文集》之七，21 页，北京，中华书局，2015。

表文章《民众的大联合》，文中有这样一句话："我们中华民族原有伟大的能力！"①16 年后，即 1935 年，毛泽东在《论反对日本帝国主义的策略》一文中明确地指出："党的基本的策略任务是什么呢？不是别的，就是建立广泛的民族革命统一战线。"他还指出："我们中华民族有同自己的敌人血战到底的气概，有在自力更生的基础上光复旧物的决心，有自立于世界民族之林的能力。"②1939 年，毛泽东在《中国革命和中国共产党》一文的"中华民族"一节中这样写道："中国是一个由多数民族结合而成的拥有广大人口的国家。""中华民族的各族人民都反对外来民族的压迫，都要用反抗的手段解除这种压迫。他们赞成平等的联合，而不赞成互相压迫。"③这在当时是对中华民族共同体意识最好的概括。在抗日战争时期，毛泽东的中华民族观和中国共产党的抗日民族统一战线的指导思想把中华民族

①　中共中央文献研究室、中共湖南省委《毛泽东早期文稿》编辑组编：《毛泽东早期文稿（1912.6—1920.11）》，393～394 页，长沙，湖南出版社，1990。
②　《毛泽东选集》第 1 卷，152、161 页，北京，人民出版社，1991。
③　《毛泽东选集》第 2 卷，622～623 页，北京，人民出版社，1991。

共同体意识提升到新的高度，这为新中国的成立和中华民族共同体意识在建设社会主义国家的条件下的进一步深化作了充分的准备。

三、铸牢中华民族共同体意识是中华民族走向伟大复兴的思想基础

1949年9月29日，中国人民政治协商会议第一届全体会议通过的《中国人民政治协商会议共同纲领》总纲规定："中华人民共和国境内各民族，均有平等的权利和义务。"1954年全国人民代表大会第一次全体会议通过的《中华人民共和国宪法》在序言中指出："我国各民族已经团结成为一个自由平等的民族大家庭。"1955年，毛泽东在中国共产党全国代表会议上的讲话中，谈到了关于汉族、少数民族和中华民族的关系。他强调指出："不要以为只是汉族帮助了少数民族，而少数民族也很大地帮助了汉族。""所以，少数民族在政治上、经济上、国防上，都对

整个国家、整个中华民族有很大的帮助。"[①] 这是把处理汉族和少数民族的关系，放在中华民族整体利益上作出的判断，是对中华民族共同体意识的深刻表述。

改革开放以来，尤其是党的十八大以来，全国各族人民在以习近平同志为核心的党中央的正确领导下，在习近平新时代中国特色社会主义思想指引下，取得了各项事业的辉煌成就，为世界所瞩目。近年来，习近平总书记多次强调铸牢中华民族共同体意识，要求以此为主线做好各项工作。这是当代中国的重大国是，是马克思主义民族理论中国化的最新成果，具有极其重要的现实意义。

第一，铸牢中华民族共同体意识揭示了中华民族共同体丰富的历史内涵。从诸华、诸夏到华夏，从华夏到中华，从中华到中华民族，贯穿了中华民族共同体形成、发展的历史。认识这一发展过程，是认识中华民族的基本要求。

第二，铸牢中华民族共同体意识揭示了民族共同体意

① 《毛泽东文集》第 6 卷，405 页，北京，人民出版社，1999。

识的重要性。行为是意识的表现，一个人如此，一个民族如此，一个国家如此。在中国特色社会主义事业一日千里的新时代，在建设社会主义现代化国家的新征程中，在中华民族充满信心奋力实现伟大复兴目标时，中华民族共同体意识是凝心聚力的思想基础。

第三，铸牢中华民族共同体意识强调"铸牢"这一关键词。近代以来，中华民族共同体意识从自在走向自觉，并经历了革命、建设、改革开放的洗礼，根植于广袤的中华大地。

"铸牢"，要按照新时代的要求，进一步丰富中华民族共同体意识的内涵，使这一共同体意识既具有深刻的历史内涵，又凸显出鲜明的时代要求。习近平总书记的一系列重要论述，为我们在新时代提升中华民族共同体意识指明了方向，我们有责任在这方面作出努力和应有的贡献。

"铸牢"，必须绵绵用力、久久为功，这是民族长久之计、国家长久之计，一代人应尽到一代人应有的责任。

"铸牢"，需要创造性地做好多方面的工作，学术工作者、理论工作者和实际工作者都有发挥作用的广阔空间。只要"铸牢"落到实处，中华民族共同体意识就能不断提升。

第二讲

毛泽东中华民族观的内涵、根源和历史意义 *

1945 年 9 月 3 日，是永远铭刻在历史上的一个伟大的日子。中国人民为赢得抗日战争和世界反法西斯战争的胜利，在 14 年的抗日战争中进行了英勇斗争和作出了巨大牺牲，表现出无比的英雄气概和伟大的爱国主义精神，在中华民族历史上写下了可歌可泣的光辉篇章。也正是在抗日战争的生死关头，在这空前残酷的斗争中，中华民族经历了史无前例的严峻考验，显示出不可战胜的浩然之气，变得更加壮大、坚强，在中华民族发展史上树立起一座不

---

* 本文原刊于《史学史研究》2020 年第 4 期。

朽的丰碑。而这一历史伟业，和中国共产党提出的抗日民族统一战线的策略方针密切相关，和毛泽东中华民族观密切相关。

一、毛泽东中华民族观的丰富内涵

1935 年，在日本帝国主义加紧侵华战争的严峻形势下，中国共产党提出建立抗日民族统一战线的策略方针。同年 12 月 27 日，毛泽东在《论反对日本帝国主义的策略》这篇重要历史文献中明确指出："党的基本的策略任务是什么呢？不是别的，就是建立广泛的民族革命统一战线。"① 由此，毛泽东在坚定推进抗日民族统一战线的建立与巩固过程中，不断发展、丰富他的中华民族观，使之融入抗日民族统一战线之中，成为抗日民族统一战线的理论支撑和民族革命实践的指南。

---

① 《毛泽东选集》第 1 卷，152 页，北京，人民出版社，1991。

　　毛泽东中华民族观，是指毛泽东对中华民族的认识与论述，以及这一认识与论述在实际运用中的理论提升。毛泽东中华民族观包含两个部分，一是关于中华民族之整体特质的认识和阐述，二是关于中华民族之某些方面突出特点的认识和阐述，合而观之，实为一完整的理论体系。毛泽东中华民族观形成于伟大的抗日战争时期，并贯穿于其后的革命与建设时期，而其在抗日战争时期的论述尤为突出。

　　关于中华民族的整体特质，毛泽东在《中国革命和中国共产党》中指出："从很早的古代起，我们中华民族的祖先就劳动、生息、繁殖在这块广大的土地之上。""在中华民族的开化史上，有素称发达的农业和手工业，有许多伟大的思想家、科学家、发明家、政治家、军事家、文学家和艺术家，有丰富的文化典籍。""中华民族不但以刻苦耐劳著称于世，同时又是酷爱自由、富于革命传统的民族。""中华民族的各族人民都反对外来民族的压迫，都要用反抗的手段解除这种压迫。""在中华民族的几千年的历史中，产生了很多的民族英雄和革命领袖。所以，中华民族又是一个有光荣的革命传统和优秀的历史遗产的民族。"① 以上论述是对中华民族特质的概括，即中华民族是历史悠久、文明发达、刻苦耐劳、酷爱自由、富于革命传统、拥有优秀历史遗产的伟大民族。值得重视的是，《中国革命和中国共产党》关于中华民族的这些论述发表后，在全国产生了广泛的影响，极大地提高了中国人的民族自觉精神，即使今天读来，仍然能感受到它的力量和启示。

毛泽东中华民族观在论述中华民族某些突出特点方面，同样反映了他对中华民族的深刻的理解和赤诚的热爱。如：

——关于中华民族的英雄气概。毛泽东于 1935 年在《论反对日本帝国主义的策略》一文中慨然写道：

我们中华民族有同自己的敌人血战到底的气概，

① 《毛泽东选集》第 2 卷，621 ～ 623 页，北京，人民出版社，1991。

有在自力更生的基础上光复旧物的决心，有自立于世界民族之林的能力。[①]

这句大义凛然、气吞山河的豪言壮语，反映了中华民族的英雄气概和奋斗精神，反映了中国人民前仆后继、英勇奋斗的伟大实践。抗日战争以无可辩驳的事实体现、证明了这一论断，使其成为中华民族的精神标识，镌刻在中华民族历史的又一丰碑之上。

——关于中华民族的爱国主义精神。中华民族的英雄气概是建立在中华民族的爱国主义基础之上的。在国内国际复杂的历史形势下，毛泽东在《中国共产党在民族战争中的地位》中讲到"爱国主义和国际主义"问题时，阐释了中国人民和中华民族的爱国主义精神。他写道：

我们是国际主义者，我们又是爱国主义者，我们

---

① 《毛泽东选集》第 1 卷，161 页，北京，人民出版社，1991。

的口号是为保卫祖国反对侵略者而战……因为只有为着保卫祖国而战才能打败侵略者，使民族得到解放。只有民族得到解放，才有使无产阶级和劳动人民得到解放的可能。①

爱国主义和国际主义的结合，是中华民族爱国主义的一个特点。抗日战争和抗日战争以来的历史，证明中华民族爱国主义精神的伟大。

——关于中华民族的利益和追求。在国难当头的抗日战争岁月里，中华民族所追求的目标是什么？对这个问题的回答，构成毛泽东中华民族观的一个重要方面。在这方面，毛泽东的论述中所使用最多的用语是"解放""独立""自由"。他指出："中华民族的历史任务是团结抗战以求解放，投降派欲反其道而行之，无论他们如何得势，如何兴高采烈，以为天下'莫予毒也'，然而他们的命运

① 《毛泽东选集》第2卷，520～521页，北京，人民出版社，1991。

是最后一定要受到全国人民的制裁的。"① 中华民族追求的
目标是"解放"，只有解放了，别的目标才有实现的可能。
毛泽东在《论持久战》中论述道：

> 这样看来，长期而又广大的抗日战争，是军事、
> 政治、经济、文化各方面犬牙交错的战争，这是战争
> 史上的奇观，中华民族的壮举，惊天动地的伟业……
> 全中国人都应自觉地投入这个犬牙交错的战争中去，
> 这就是中华民族自求解放的战争形态，是半殖民地大
> 国在二十世纪三十和四十年代举行的解放战争的特殊
> 的形态。②

作为英明的战略家，毛泽东天才地预见到"中华民族
的解放将从这个战争中得来"③。抗日战争如此，解放战争

① 《毛泽东选集》第 2 卷，573 页，北京，人民出版社，1991。
② 《毛泽东选集》第 2 卷，474 页，北京，人民出版社，1991。
③ 《毛泽东选集》第 2 卷，475 页，北京，人民出版社，1991。

亦如此。今天,当我们一方面回顾历史,另一方面体察现实,对于"解放"这个词的含义和分量,一定会产生新的认识和新的感受。

——关于中华民族的文化。在毛泽东中华民族观的思想体系中,阐释得比较集中的还有中华民族的文化。1940年,毛泽东发表《新民主主义论》,科学地分析了国内国际形势,论述了新民主主义的政治、经济、文化。毛泽东论述新民主主义文化时,在指出"这种新民主主义的文化是民族的""这种新民主主义的文化是科学的""这种新民主主义的文化是大众的,因而即是民主的"[1]这三个问题后,作了这样的结论:

> 民族的科学的大众的文化,就是人民大众反帝反封建的文化,就是新民主主义的文化,就是中华民族的新文化。[2]

[1] 《毛泽东选集》第 2 卷,706～708 页,北京,人民出版社,1991。
[2] 《毛泽东选集》第 2 卷,708～709 页,北京,人民出版社,1991。

同时，毛泽东高度评价鲁迅在中国新民主主义文化史即中华民族新文化史上的贡献，指出：

> 鲁迅是在文化战线上，代表全民族的大多数，向着敌人冲锋陷阵的最正确、最勇敢、最坚决、最忠实、最热忱的空前的民族英雄。鲁迅的方向，就是中华民族新文化的方向。①

毛泽东对鲁迅的评论，为中华民族的新文化发展史树立起不朽的丰碑。毛泽东的这些论述，在中国文化史、中国革命史上产生了重大的积极作用，具有深远的历史意义。

——关于中华民族的自信力。1937年8月，毛泽东在《为动员一切力量争取抗战胜利而斗争》一文中这样写道：

---

① 《毛泽东选集》第2卷，698页，北京，人民出版社，1991。

所有前线的军队，不论陆军、空军和地方部队，都进行了英勇的抗战，表示了中华民族的英雄气概。中国共产党谨以无上的热忱，向所有全国的爱国军队爱国同胞致民族革命的敬礼。①

他在这篇文章中列举了"十大救国纲领"，最后写道：

中国共产党坚决相信，在实现上述十大纲领的条件下，战胜日寇的目的是一定能达到的。只要四亿五千万同胞一齐努力，最后的胜利是属于中华民族的！②

在抗日民族统一战线发展比较顺利的情况下，中华民族有这种自信力；当抗日民族统一战线遇到困难时，中华民族也不会失去这种自信力。1940年7月5日，毛泽东

① 《毛泽东选集》第2卷，352页，北京，人民出版社，1991。
② 《毛泽东选集》第2卷，357页，北京，人民出版社，1991。

为抗日战争全面爆发3周年发表《团结到底》一文，写道："抗日战争的三周年，正是中国共产党的十九周年。我们共产党人今天来纪念抗战，更感到自己的责任。中华民族的兴亡，是一切抗日党派的责任，是全国人民的责任，但在我们共产党人看来，我们的责任是更大的。""现在国难日深，世界形势大变，中华民族的兴亡，我们要负起极大的责任来。""我们相信，在我党全体党员和友党友军及全体人民共同努力之下，克服投降，战胜困难，驱除日寇，还我河山的目的，是能够达到的，抗战的前途是光明的。"①类似这样的表达，都是中华民族自信力的反映。这里，不禁想到鲁迅先生在1934年即九一八事变3周年之际曾写过一篇杂文《中国人失掉自信力了吗》，他在这篇文章中写了这样的话："……然而，在这笼罩之下，我们有并不失掉自信力的中国人在。"中国自古以来就有一些"埋头苦干"的人、"拼命硬干"的人、"为民请命"

① 《毛泽东选集》第2卷，759～761页，北京，人民出版社，1991。

的人、"舍身求法"的人，"这就是中国的脊梁"。[①]鲁迅的这些话，从另一个方面显示出了中华民族的自信力。

上述这些方面，反映了毛泽东中华民族观的丰富内涵，而每一个方面都对增强中华民族的自觉意识和自强精神发挥着重大的激励作用。

二、毛泽东中华民族观的深厚根源

毛泽东是理论家、战略家和革命领袖，探讨毛泽东中华民族观的根源所在具有重要的启示意义。毛泽东中华民族观的产生，有其历史的必然性和现实的根据。从历史大环境来说，毛泽东中华民族观的形成同 20 世纪最初 20 年的社会思想有密切关系。当学术界、思想界、革命者还在讨论"中华民族"的概念和实质内容时，毛泽东于 1919 年在《湘江评论》上发表的《民众的大联合》一文中，就写下

① 《鲁迅全集》第 6 卷，121～122 页，北京，人民文学出版社，2005。

了"我们中华民族原有伟大的能力"① 这样的话。马克思主义认为，人们的思想不能脱离他们所处的时代。我们正是基于这样的认识，来探讨毛泽东中华民族观的根源所在。

首先，毛泽东中华民族观源于毛泽东对中国历史的敬重。毛泽东对中国历史的崇敬和重视具有非常的高度和深度，他在七七事变的第二年所撰写的《中国共产党在民族战争中的地位》专有论"学习"一节，其中这样写道：

> 一般地说，一切有相当研究能力的共产党员，都要研究马克思、恩格斯、列宁、斯大林的理论，都要研究我们民族的历史，都要研究当前运动的情况和趋势；并经过他们去教育那些文化水准较低的党员。特殊地说，干部应当着重地研究这些，中央委员和高级干部尤其应当加紧研究。指导一个伟大的革命运动的政党，如果没有革命理论，没有历史知识，没有对于

① 中共中央文献研究室、中共湖南省委《毛泽东早期文稿》编辑组编：《毛泽东早期文稿（1912.6—1920.11）》，393～394页，长沙，湖南出版社，1990。

实际运动的深刻的了解，要取得胜利是不可能的。[①]

　　学习我们的历史遗产，用马克思主义的方法给以批判的总结，是我们学习的另一任务。我们这个民族有数千年的历史，有它的特点，有它的许多珍贵品。对于这些，我们还是小学生。今天的中国是历史的中国的一个发展；我们是马克思主义的历史主义者，我们不应当割断历史。从孔夫子到孙中山，我们应当给以总结，承继这一份珍贵的遗产。[②]

　　文中明确地把"研究我们民族的历史"同"指导一个伟大的革命运动的政党"联系起来，把"学习我们的历史遗产"同"今天的中国"联系起来，这是何等深刻的见解、何等重要的任务！毛泽东中华民族观与此的联系又是何等紧密！

　　其次，毛泽东中华民族观源于毛泽东对中国现状的洞

[①] 《毛泽东选集》第2卷，532～533页，北京，人民出版社，1991。
[②] 《毛泽东选集》第2卷，533～534页，北京，人民出版社，1991。

察。作为一个革命者、一个革命运动的领导者，毛泽东历来强调对于中国社会现状的了解，强调调查研究的重要。他的《中国社会各阶级的分析》《湖南农民运动考察报告》《中国的红色政权为什么能够存在？》等文，就是有力的证明。今天，当我们再次翻阅毛泽东 1930 年 5 月所作的《寻乌调查》时，仍然会受到震撼而陷于沉思：一是为调查的细致、真切而钦佩，二是为作者对调查所得的珍惜而感动。《寻乌调查》的前言写道：

　　我做的调查以这次为最大规模。我过去做过湘潭、湘乡、衡山、醴陵、长沙、永新、宁冈七个有系统的调查，湖南那五个是大革命时代（一九二七年一月）做的，永新、宁冈两个是井冈山时代（一九二七年十一月）做的。湖南五个放在我的爱人杨开慧手里，她被杀了，这五个调查大概是损失了。永新、宁冈两个，一九二九年一月红军离开井冈山时放在山上的一个朋友手里，蒋桂会攻井冈山时也损失了。失掉别的任何东西，我不着急，失掉这些调查（特别是衡山、永新两个），使我时常念及，永久也不会忘记。[①]

从这段文字中，可以看出毛泽东对社会调查及其所得的认真的态度和严谨的方法。在这篇前言的后一部分，毛泽东详细介绍了参加调查会的 11 个人的姓名、年龄、特点、职业以及在调查会中所起的作用等。毛泽东写道："我们的调查会，就是我和以上十一个人开的，我做主席和记录。我们的会开了十多天，因为红军部队分在安远、寻乌、平远做发动群众的工作，故有时间给我们开调查会。"[②] 对于这次调查会的收获，毛泽东作了这样的概括："寻乌这个县，介在闽粤赣三省的交界，明了了这个县的情况，三省交界各县的情况大概相差不远。"[③] 显然，这是社会调查所得举一反三之效。

① 《毛泽东文集》第 1 卷，118 页，北京，人民出版社，1993。
② 《毛泽东文集》第 1 卷，119 页，北京，人民出版社，1993。
③ 《毛泽东文集》第 1 卷，119 页，北京，人民出版社，1993。

　　毛泽东对中国国情的了解不限于作社会调查，但社会调查所得的重要性却是别的方面所不能替代的。毛泽东明确提出"反对本本主义"，他说的"没有调查，没有发言权"实为至理名言。联想到毛泽东的《实践论》《矛盾论》等著作，都可以说明他对中国社会的洞察是毛泽东中华民族观的一个重要根源。

　　再次，毛泽东中华民族观源于毛泽东对民心民情的关注。日本帝国主义发动的侵华战争，使中国人民陷于水深火热之中和国破家亡的境地。毛泽东在努力推动抗日民族统一战线的过程中，始终把人民的利益放在重要地位。这本是中国共产党的初衷，而在抗日战争的艰苦年代显得更为重要。

　　在毛泽东的革命用语中，工人阶级、农民阶级和城市小资产阶级是最受关注的对象，这既是革命的力量，也是革命应当维护其利益的对象。在抗日战争初期，毛泽东高瞻远瞩地提出了"人民共和国"的性质和体制建构，指出："……人民共和国去掉帝国主义的压迫，使中国自由独立，去掉地主的压迫，使中国离开半封建制度，这些事情就不但使工农得了利益，也使其他人民得了利益。总括工农及其他人民的全部利益，就构成了中华民族的利益。"①从这个意义上说，中华民族的利益首先代表了"工农及其他人民的全部利益"。毛泽东在《中国革命和中国共产党》中进一步指出："谁要是想撇开中国的无产阶级、农民阶级和其他小资产阶级，就一定不能解决中华民族的命运，一定不能解决中国的任何问题。中国现阶段的革命所要造成的民主共和国，一定要是一个工人、农民和其他小资产阶级在其中占一定地位起一定作用的民主共和国。"②毛泽东的这些主张和构想不但反映了中国的民心民情，而且在抗日战争时期的人民解放区已成为现实。事实证明，民心民情所向代表着历史发展的潮流和趋势，毛泽东中华民族观的深厚基础即在于此。

最后，毛泽东中华民族观源于毛泽东对国际形势的正

---

① 《毛泽东选集》第 1 卷，159 页，北京，人民出版社，1991。
② 《毛泽东选集》第 2 卷，649 页，北京，人民出版社，1991。

确判断。这个判断是建立在毛泽东对近代中国社会矛盾的认识之上的，他指出：

帝国主义和中华民族的矛盾，封建主义和人民大众的矛盾，这些就是近代中国社会的主要的矛盾。当然还有别的矛盾，例如资产阶级和无产阶级的矛盾，反动统治阶级内部的矛盾。而帝国主义和中华民族的矛盾，乃是各种矛盾中的最主要的矛盾。这些矛盾的斗争及其尖锐化，就不能不造成日益发展的革命运动。伟大的近代和现代的中国革命，是在这些基本矛盾的基础之上发生和发展起来的。①

在当时的历史条件下，毛泽东中华民族观是同毛泽东紧紧把握住"帝国主义和中华民族的矛盾，乃是各种矛盾中的最主要的矛盾"的判断紧密关联着的。一方面，毛泽

---

① 《毛泽东选集》第 2 卷，631 页，北京，人民出版社，1991。

东领导的中国共产党坚决主张打败日本帝国主义对中国的侵略，把日本侵略者赶出中国去。抗日民族统一战线的提出和建立，是最有力的证明。另一方面，毛泽东领导的中国共产党反对一切外国势力对中国的侵略和干涉。毛泽东在 1949 年 8 月 18 日写的《别了，司徒雷登》这篇评论，也是最有力的证明。在这篇评论中，毛泽东怀着深沉的民族情结写道："闻一多拍案而起，横眉怒对国民党的手枪，宁可倒下去，不愿屈服。朱自清一身重病，宁可饿死，不领美国的'救济粮'。""我们应当写闻一多颂，写朱自清颂，他们表现了我们民族的英雄气概。"[①]毛泽东所称颂的，正是中华民族"有骨气"的英雄气概。

在抗日战争和解放战争时期，毛泽东还谈到过"国际援助"问题、"爱国主义和国际主义"问题、"国际形势和国内形势"问题，并不止一次地接受外国记者的采访，广泛地谈到中国革命和国际形势问题，其中都贯穿着他对中

① 《毛泽东选集》第 4 卷，1495 ～ 1496 页，北京，人民出版社，1991。

国革命的信心、对中华民族利益的坚持、对国际形势的正确判断。总之，这是毛泽东中华民族观的又一个重要根源。

三、毛泽东中华民族观的历史意义

毛泽东中华民族观的历史意义，一方面表现在作为抗日民族统一战线的理论支撑，对抗日战争的胜利发挥了指导作用，另一方面表现在对中华民族作为中国各民族共同体的现实存在及其伟大精神的熔铸提供了重要思想基础。

毛泽东中华民族观是抗日民族统一战线的理论支撑。这是因为：

第一，毛泽东中华民族观贯穿于抗日民族统一战线的始终。从 1935 年的《论反对日本帝国主义的策略》到 1945 年的《论联合政府》，在这 10 年，毛泽东始终致力于以他的不断丰富的中华民族观阐释抗日民族统一战线的必要性、可行性和必胜的信心。习近平总书记在纪念中国人民抗日战争暨世界反法西斯战争胜利 75 周年座谈会上的讲话中指出:"毛泽东同志在全国抗战开始后就明确提出:'我们主张全国人民总动员的完全的民族革命战争,或者叫作全面抗战。因为只有这种抗战,才是群众战争,才能达到保卫祖国的目的。'""中国人民抗日战争胜利是全体中华儿女勠力同心、以弱胜强的雄浑史诗,显示了中国人民和中华儿女坚不可摧的磅礴力量!"① 毛泽东中华民族观是贯穿中国共产党领导全民族抗战的全过程的指导思想。

第二,毛泽东中华民族观植根于当时的中国社会、植根于民心民情,具有广泛的号召力和影响力,从根本上反映了中华民族的利益和追求,这是全民族抗战取得胜利的基本保证。

毛泽东中华民族观极大地提升了中国人对中华民族作为中国各民族共同体的认识。首先,反对日本帝国主义的

---

① 《习近平著作选读》第 2 卷,338 页,北京,人民出版社,2023。

侵略，维护国家的统一和独立，是中华民族的共同利益。其次，从历史到现实，表明中华民族共同体是中国历史上许多个民族共同体积累、发展的结果。毛泽东中华民族观反映了中华民族悠久的历史行程及当代形态，因其丰富的内涵、深厚的根基以及鲜明的理论特点而最全面、最深刻地证明了中华民族共同体的现实存在及基本利益和奋斗精神，并赋予"中华民族"这一概念与实体以新的认识高度。这一认识高度奠定了现代中国人的中华民族观的思想基础。

历史发展到今天，在中国共产党领导下，中国已进入开启全面建设社会主义现代化国家的新征程、迈向中华民族伟大复兴的新时代，自觉、自信、自强的中华民族意识必将提升到新的更高的阶段。这就是习近平总书记指出的：

要大力加强民族团结，促进各民族群众相互了解、相互帮助、相互欣赏、相互学习。要大力培育中华民族共同体意识，广泛开展民族团结进步宣传教育和创建活动。①

在这里，习近平总书记提出"培育中华民族共同体意识"，这就需要我们作历史的回顾和现实的思考，深入理解中华民族发展的历程和中华民族前进的目标。

2018 年，习近平总书记在讲到新时代的民族工作时进一步指出：

> 要深入践行守望相助理念，深化民族团结进步教育，铸牢中华民族共同体意识，促进各民族像石榴籽一样紧紧抱在一起，共同守卫祖国边疆、共同创造美好生活。②

---

① 《习近平在中央第六次西藏工作座谈会上强调：依法治藏富民兴藏长期建藏　加快西藏全面建成小康社会步伐》，载《人民日报》，2015-08-26。
② 《习近平：扎实推动经济高质量发展　扎实推进脱贫攻坚》，载《人民日报》，2018-03-06。

2020 年，习近平总书记在中央第七次西藏工作座谈会上的讲话中又指出：

> 要挖掘、整理、宣传西藏自古以来各民族交往交流交融的历史事实，引导各族群众看到民族的走向和未来，深刻认识到中华民族是命运共同体，促进各民族交往交流交融。①

习近平总书记的这些指示，从"培育中华民族共同体意识"到"铸牢中华民族共同体意识"再到"深刻认识到中华民族是命运共同体"，是从新时代建设社会主义现代化国家的战略高度、中华民族走向伟大复兴的高度对民族工作、民族研究提出的新要求。一是要有自觉的"中华民族共同体意识"，并不断"培育"和"铸牢"这一意识；

① 《习近平在中央第七次西藏工作座谈会上强调：全面贯彻新时代党的治藏方略　建设团结富裕文明和谐美丽的社会主义现代化新西藏》，载《人民日报》，2020-08-30。

二是从历史和现实及未来的结合上，深刻认识"中华民族是命运共同体"，进而把"深入践行守望相助理念"落到实处。中华民族随着历史的发展、新时代中国特色社会主义事业的发展而不断提升自我，在精神层面和实践过程中"铸牢中华民族共同体意识"、维护"中华民族是命运共同体"这一原则，将使"自立于世界民族之林"的中华民族更加自觉、自信、自强。

第三讲
中华民族形成和发展的历史 [*]

      伟大的中华民族有久远的渊源和辉煌壮阔的古代历史，有反抗外国殖民主义、帝国主义侵略的英雄史诗般的民族自觉的近代历史，有当代自信自强迈向伟大复兴的前景。认识中华民族形成和发展的历史，是提高中华民族之民族自觉性的知识基础和历史情怀，是"铸牢中华民族共同体意识"的民族根基和历史自信。

---

* 本文系由《论中华民族形成和发展的历史》与《论中华民族从自觉发展阶段迈向伟大复兴的新时代》两个姊妹篇结合而成。两文原刊于《北京师范大学学报（社会科学版）》2022年第2期、2024年第3期。

一、中华民族生存繁衍的自然基础

地理条件是人类历史发生、发展的前提之一。认识中华民族的历史，首先要认识中华民族赖以生存繁衍的自然基础。马克思和恩格斯指出：

> 全部人类历史的第一个前提无疑是有生命的个人的存在。因此，第一个需要确认的事实就是这些个人的肉体组织以及由此产生的个人对其他自然的关系。当然，我们在这里既不能深入研究人们自身的生理特性，也不能深入研究人们所处的各种自然条件——地质条件、山岳水文地理条件、气候条件以及其他条件。任何历史记载都应当从这些自然基础以及它们在历史进程中由于人们的活动而发生的变更出发。[①]

---

① 《马克思恩格斯选集》第 1 卷，146～147 页，北京，人民出版社，2012。

显然，这是认识人类文明的基础，自然也是这一论述的出发点。我们认识中华民族的历史，也应当从这里开始。

中国考古学家在讨论"我们的远古祖先"（约 170 万年前至 1 万年前）时，开篇就讲到"远古时代的地理环境"，指出：

> 我国位于欧亚大陆的东方，西部有世界屋脊帕米尔高原，西南有青藏高原和喜马拉雅山，西北有阿尔泰山，北部有蒙古戈壁沙漠，东北有兴安岭和长白山，东边和东南为海洋所环绕，形成了一个相对独立的地理单元。在这幅员十分辽阔的地理大单元内，西部和北部高寒少雨，史前人类较难生存和发展，更难以与外界发生交往；中部偏东的黄河中下游和长江中下游气候适宜，土壤肥沃，是我国史前文化最发达的地区。这一情况决定了我国史前文化起源的土著性和在世界诸史前文化中的独特地位，决定了它在很长时

期都基本上走着独立发展的道路。①

正是在这个前提之下，考古学家们依次论述了中国境内旧石器时代、新石器时代和铜石并用时代的诸多文化遗址，然后作出结论，写道：

……到龙山（文化）时代，已经临近文明的门槛。如果就中国古代文明的许多因素或特征而言，更是有不少是在铜石并用时代甚至更早一些就已产生，到夏商周才进一步发展的……由此可见，中国古代文明的根基是深植于遥远的古代的，早在仰韶后期就已经孕育着某些因素，到龙山时代则更进一步，已经露出文明的曙光了。②

<hr>

① 白寿彝总主编：《中国通史》第 2 卷《远古时代》，1 页，上海，上海人民出版社，1994。
② 白寿彝总主编：《中国通史》第 2 卷《远古时代》，345～346 页，上海，上海人民出版社，1994。

　　考古学家们以如椽之笔描绘出中华民族史前文明的历史，极大地开拓了人们对中华民族之久远渊源的认识。

　　人类进入历史时期以后，由于生产力的不断发展、社会生活的日渐丰富，地理环境对人类社会历史发展的影响表现得越来越清晰。白寿彝总主编的《中国通史》第一卷即《导论》卷，设专章（第二章）讨论"历史发展的地理条件"，着重论述"中国地理条件的特点及其与中国历史发展的关系"，如地理条件的复杂性和经济发展的不平衡性，地理条件之局部的独立性和整体的统一性及其与历史上政治统治的关系。就前者而言，两千多年前的司马迁的视野所及，已看得十分清楚。他在《史记·货殖列传》中依次概述了关中，三河，漳、河之间，齐与邹、鲁，梁、宋、越、楚，颍川、南阳等地的物产与民俗后，写道：

　　　　总之，楚越之地，地广人希（稀），饭稻羹鱼，或火耕而水耨，果隋蠃蛤，不待贾而足，地势饶食，无饥馑之患，以故呰窳偷生，无积聚而多贫。是故江

淮以南，无冻饿之人，亦无千金之家。沂、泗水以
北，宜五谷桑麻六畜，地小人众，数被水旱之害，民
好畜藏，故秦、夏、梁、鲁好农而重民。三河、宛、
陈亦然，加以商贾。齐、赵设智巧，仰机利。燕、代
田畜而事蚕。[①]

由此可见，在司马迁看来，地理条件的差别对社会经
济和民风民俗的影响是很大的。其后，班固著《汉书》，
在《地理志》中继承了司马迁的这些看法。如果把他们
的视野放大到当时国土东西两端或南北两线的话，这
种地理条件的复杂性和经济发展的不平衡性就会显得
更加突出。

现在来说后者，即地理条件之局部的独立性和整体的
统一性及其与历史上政治统治的关系。《导论》卷作者着
眼于中国历史上分裂割据与政治统一交替出现的历史，指

---

① （汉）司马迁：《史记》卷一二九《货殖列传》，3270 页，北京，中华书局，
1982。

出："造成这种历史现象的原因固然有种种，而中国地理条件之局部的独立性和整体的统一性的特点，是一个不可忽视的原因。"①该书指出，汉初以刘濞为首的七国之乱，三国时期的江东、益州等地，以及中唐以后的藩镇割据与其后地方势力的发展，虽然同政治、军事有关，但地理条件的相对独立性也是一个重要原因。这是其一。其二，由于中国的地理条件还具有整体上的统一性的特点，所以历史上各种分裂局面都不会长久存在，而最终必将归于政治上的统一。这是因为中国地理条件由于天然特点而自成一个自然地区，这个自然地区的环境是：北有大漠，西和西南是高山，东与南滨海；黄河、长江、珠江三大水系所流经的地区是地理条件最好的地区。一般地说，在这个自然地区里，任何局部地区的特点、局部地区与局部地区的差异及其产生的种种社会结果，都不能不受到这个整体的统一性的约束：一是受大河流域先进的经济、文化所吸

---

① 白寿彝总主编：《中国通史》第 1 卷《导论》,142 页，上海，上海人民出版社，1989。

引，如汉、唐两个盛大朝代；二是如马克思所说，亚洲的大河流域需要有中央集权的政治权力来执行公共工程的职能，元明清三朝以大气力致力于水利工程并确保南北大运河的通航，故政治统一的局面成为中国历史发展的主流。[①]

这样的地理环境，为中华民族的生存和繁衍、形成和发展提供了有利的自然条件。

二、中华民族的形成（春秋战国至秦汉时期）

人类进入历史时期以后，在黄河中下游流域，夏、商、周三个部落群体因地理条件的优越，社会经济发展较快，先后进入阶级社会并出现国家，建立起各种制度，成为中华文明的滥觞。

---

① 白寿彝总主编：《中国通史》第 1 卷《导论》，141～146 页，上海，上海人民出版社，1989。参见瞿林东：《关于地理条件与中国历史进程的几个问题》，载《史学史研究》，1999（1）。

从西周到春秋战国时期，中华民族的先民迸发出了空前的创造力。生产力的发展，经济生活的丰富，国家制度的健全，尤其是思想领域的活跃，等等，出现在周天子分封下诸侯林立的局面下。继之而起的便是各诸侯国之间的交往、纷争，于是战争、会盟不绝。而这些活动都离不开人，离不开当时的诸多部落与民族。这是文字记载较为详细的中华民族先民交往交流交融的历史活动。

从中国历史进程来看，从春秋战国到秦汉统一王朝的建立，可以看作中华民族的形成时期，其主要标志是华夏族出现。同时，华夏与夷狄的关系、汉人与胡人的关系在新的历史条件下出现交往交流交融的新形势。这种民族关系新格局的形成是由以下原因促成的：

第一，民族交融为中华民族形成奠定基础。春秋战国时期约 500 年，历史久远的民族有夏族、夷族、蛮族、戎族、狄族等。在军事、政治、经济、文化等方面的密切交往交流交融中，以周王室各封国为代表的"诸夏"得到进一步发展，扩大了夏文化的覆盖面；而夷、蛮、戎、狄等

"诸夷"和"诸夏"的关系更加密切了，分别形成了以东方齐国、南方楚国、西方秦国、北方晋国为中心的民族融合体，成为秦汉统一王朝的民族构成的基础。

第二，秦王朝实行诸多统一措施，有利于民族共同体的形成。《史记·秦始皇本纪》记载，秦始皇二十六年（前221年），实行如下措施：

> 分天下以为三十六郡，郡置守、尉、监。更名民曰"黔首"。大酺。收天下兵，聚之咸阳，销以为钟镶，金人十二，重各千石，置廷宫中。一法度衡石丈尺。车同轨。书同文字。地东至海暨朝鲜，西至临洮、羌中，南至北向户，北据河为塞，并阴山至辽东。[1]

其中，"车同轨""书同文字"和政治版图是几个重要的因素。当然，这几件事情不是短期内可以做到的，但毕

---

[1] （汉）司马迁：《史记》卷六《秦始皇本纪》，239页，北京，中华书局，1982。

竟为民族共同体的形成创造了有利的条件。而当"汉承秦制"① 继续推行这些措施时，它们的作用就逐渐显现出来。这种"汉承秦制"的总体面貌，在班固的《汉书》中概括得十分清晰。班固这样写道：

> 凡《汉书》，叙帝皇，列官司，建侯王。准天地，统阴阳，阐元极，步三光。分州域，物土疆，穷人理，该万方。纬《六经》，缀道纲，总百氏，赞篇章。函雅故，通古今，正文字，惟学林。②

这是通过概括《汉书》的内容进而彰显了西汉的社会面貌，恰如颜师古在这段文字的注文中所说："凡此总说帝纪、表、志、列传，备有天地鬼神人事，政治道德，术艺文章。泛而言之，尽在《汉书》耳。"③

① （南朝宋）范晔：《后汉书》卷四十上《班彪列传上》，1323 页，北京，中华书局，1965。
② （汉）班固：《汉书》卷一百下《叙传下》，4271 页，北京，中华书局，1962。
③ （汉）班固：《汉书》卷一百下《叙传下》，4271 页，北京，中华书局，1962。

第三，儒家学术的确立成为民族间文化认同的标志。西汉大儒董仲舒在回答汉武帝策问时说：

> 《春秋》大一统者，天地之常经，古今之通谊也。今师异道，人异论，百家殊方，指意不同，是以上亡以持一统；法制数变，下不知所守。臣愚以为诸不在六艺之科孔子之术者，皆绝其道，勿使并进。邪辟之说灭息，然后统纪可一而法度可明，民知所从矣。[①]

这段话表明，儒家思想是维护政治一统的指导思想。正如班固所说，儒家学说"是综是理，是纲是纪"[②]，因而也是当时人们遵循的准则。西汉宣帝和东汉章帝时，两度召集诸儒集会，"讲议《五经》同异"，前者由皇帝"亲称制临决"[③]，后者由班固等儒士整理为书，足见两汉对儒

① （汉）班固：《汉书》卷五六《董仲舒传》，2523 页，北京，中华书局，1962。
② （汉）班固：《汉书》卷一百下《叙传下》，4265 页，北京，中华书局，1962。
③ （南朝宋）范晔：《后汉书》卷三《章帝纪》，138 页，北京，中华书局，1965。

家学说的高度重视。

第四，司马迁《史记》撰写出了当时中华民族史的全貌和中华民族初祖及其以下的历史。白寿彝指出：

> 《史记》把环绕中原的各民族，尽可能地展开一幅极为广阔而又井然有序的画卷。它写了《匈奴列传》《南越尉佗列传》《东越列传》《朝鲜列传》《西南夷列传》《大宛列传》，分别按地区写出了北方、南方、东南、东北、西南、西北的民族历史。把这六个专篇合起来，可以说是一部相当完整的民族史，其中有些记载是超越当时和今日国境范围的。这与先秦记载之局限于一个民族或几个民族的有关事迹，是大不相同的。秦汉的空前统一局面及其对外交通的发展，使当时人大开眼界，也使我们的历史家能写出这样包容广大的民族史。①

---

① 白寿彝总主编：《中国通史》第1卷《导论》，6～7页，上海，上海人民出版社，1989。

"这样包容广大的民族史"，就是中华民族史。不仅如此，司马迁《史记》以《五帝本纪》开篇，在纵向方面写出了以黄帝为代表的中华民族初祖的历史及以下至夏、商、周、秦直至西汉的历史，在中国史学上是前无古人的。在横向与纵向具有如此恢宏的历史认识，正是现实社会的启示和推动才能达到的。

如果说司马迁《史记》写出了中华民族的历史，那么班固《汉书·地理志》则写出了中华民族当时的生存空间。班固《汉书·地理志》序文在追溯了西汉以前有关地理状况后，这样写道：

汉兴，因秦制度，崇恩德，行简易，以抚海内。至武帝攘却胡、越，开地斥境，南置交阯，北置朔方之州，兼徐、梁、幽、并夏、周之制，改雍曰凉，改梁曰益，凡十三部，置刺史。先王之迹既远，地名又数改易，是以采获旧闻，考迹《诗》《书》，推表山川，以缀《禹贡》《周官》《春秋》，下及战国、秦、汉焉。①

这是在讲地理沿革和西汉王朝的地理建制，同时也讲到民族关系。联系上文司马迁《史记》的记述，悠久的历史、统一的多民族国家和广袤的地域等，当是中华民族形成的重要条件。

第五，社会经济的发展是中华民族形成之最重要的物质条件。在商鞅变法后，秦国社会经济有了新的发展，这是其后秦国打败六国、建立秦王朝的物质基础。秦汉之交社会动荡，使汉初经济残破，以致出现了"自天子不能具钧驷，而将相或乘牛车，齐民无藏盖"②的局面。在汉初统治者实行"与民休息"的一系列恢复、发展生产的措施后，历经70年左右，到汉武帝时，司马迁在《史记·平准书》中描绘出西汉盛世的富庶画面："汉兴七十余年之间，国家无事，非遇水旱之灾，民则人给家足，都鄙廪庾

---

① （汉）班固：《汉书》卷二八上《地理志上》，1543页，北京，中华书局，1962。
② （汉）司马迁：《史记》卷三十《平准书》，1417页，北京，中华书局，1982。

皆满，而府库余货财。京师之钱累巨万，贯朽而不可校。
太仓之粟陈陈相因，充溢露积于外，至腐败不可食。"① 他
还在《史记·货殖列传》中描述了西汉前期商业发展的
盛况：

> 汉兴，海内为一，开关梁，弛山泽之禁，是以富
> 商大贾周流天下，交易之物莫不通，得其所欲，而徙
> 豪杰诸侯强族于京师。②

虽然这些活动并不都同民族发展有直接的联系，但这
种商业所形成的社会大环境，却也不能不影响到民族和民
族关系的历史进程。司马迁这样描述这种社会大环境：

> 夫山西饶材、竹、谷、𬂩、旄、玉石；山东多鱼、
> 盐、漆、丝、声色；江南出楠、梓、姜、桂、金、锡、

① （汉）司马迁：《史记》卷三十《平准书》，1420 页，北京，中华书局，1982。
② （汉）司马迁：《史记》卷一二九《货殖列传》，3261 页，北京，中华书局，1982。

连、丹沙、犀、玳瑁、珠玑、齿革；龙门、碣石北多
马、牛、羊、旃裘、筋角；铜、铁则千里往往山出棋
置：此其大较也。皆中国人民所喜好，谣俗被服饮食
奉生送死之具也。故待农而食之，虞而出之，工而成
之，商而通之。此宁有政教发征期会哉？人各任其
能，竭其力，以得所欲。故物贱之征贵，贵之征贱，
各劝其业，乐其事，若水之趋下，日夜无休时，不
召而自来，不求而民出之。岂非道之所符，而自然
之验邪？①

这是写出了自然法则的作用。正如马克思和恩格斯所
指出的那样：

各民族之间的相互关系取决于每一个民族的生产
力、分工和内部交往的发展程度。这个原理是公认

---

① （汉）司马迁：《史记》卷一二九《货殖列传》，3253～3254页，北京，中华
书局，1982。

的。然而不仅一个民族与其他民族的关系，而且这个
民族本身的整个内部结构也取决于自己的生产以及自
己内部和外部的交往的发展程度。一个民族的生产
力发展的水平，最明显地表现于该民族分工的发展程
度。任何新的生产力，只要它不是迄今已知的生产力
单纯的量的扩大（例如，开垦土地），都会引起分工
的进一步发展。①

　　马克思和恩格斯的这段论述是针对德国历史和欧洲历
史说的，与中国秦汉时期的各民族之间的相互关系自有所
不同。但我们从"这个原理是公认的"之论断仍可得到某
种启发，即秦汉时期的社会条件的确给予由春秋战国时期
开始的"诸夏""四夷"各民族交往交流交融以新的发展
机遇。中华民族的形成恰与这一机遇相吻合。
　　中华民族形成初期的民族构成，是以春秋战国时期

① 《马克思恩格斯文集》第 1 卷，520 页，北京，人民出版社，2009。

"诸夏"与夷、蛮、戎、狄等族深入融合而成的华夏族为
核心，包括中原及周边的各民族在内，并在新的大一统
王朝的历史条件下进入交往交流交融的新阶段。从《史
记·匈奴列传》中可以看到汉匈双方互通信函以及"和
亲"之"约"、"关市不绝"的情况；从《史记·东越列
传》中可以看到司马迁对东越的赞叹之情，说是"越虽蛮
夷，其先岂尝有大功德于民哉，何其久也！历数代常为君
王，句践一称伯……盖禹之余烈也"①；从《史记·大宛列
传》中可以看到张骞通西域，亲身经历或了解匈奴、月
氏、胡、越的复杂关系，并得知大宛、乌孙、康居、奄
蔡、大月氏、安息以及西南夷等域内外情况，大开人们眼
界，司马迁还称赞说"骞为人强力，宽大信人，蛮夷爱
之"②。这些内容，反映了当时的政治活动和民族关系的一
个侧面。

①（汉）司马迁：《史记》卷一一四《东越列传》，2984页，北京，中华书局，1982。
②（汉）司马迁：《史记》卷一二三《大宛列传》，3159页，北京，中华书局，1982。

《汉书》作者班固对西汉王朝的历史格外重视，一方面是由他的"汉绍尧运"的历史观所决定的，另一方面他也确为西汉兴盛的历史所鼓舞。班固在《两都赋》中赞美西汉政治和都城西京后写道：

> 于斯之时，都都相望，邑邑相属，国藉十世之基，家承百年之业，士食旧德之名氏，农服先畴之畎亩，商修族世之所鬻，工用高曾之规矩，粲乎隐隐，各得其所。①

这种士、农、商、工"各得其所"的局面不免有夸大的成分，但大体上当不会完全脱离社会现实。班固又赞美东都洛阳："光汉京于诸夏，总八方而为之极。"② 他用"诸夏"和"八方"来概括当时全国的范围。班固还撰有《典

---

① （南朝宋）范晔：《后汉书》卷四十上《班彪列传上》，1348 页，北京，中华书局，1965。
② （南朝宋）范晔：《后汉书》卷四十下《班彪列传下》，1363 页，北京，中华书局，1965。

引》，"至乎三五华夏，京迁镐亳，遂自北面，虎离其师，革灭天邑"①，借用周朝东迁的历史掌故比喻东汉王朝是"以膺当天之正统"②。这是以"天"的名义来突出东汉王朝的合理地位。

值得关注的是，东汉时期，称说"华夏"的人逐渐多了起来。东汉官员刘毅在一件上汉安帝书中有称颂邓皇后的长篇文字，其中有这样的话："弘德洋溢，充塞宇宙；洪泽丰沛，漫衍八方。华夏乐化，戎狄混并。丕功著于大汉，硕惠加于生人。"③在歌颂皇后中反映出"华夏"与"戎狄"的和好关系。汉桓帝时，一个士人在离世前写的一封家书中批评当时流行的厚葬奢靡之风："……自生民以来，厚终之敝，未有若此者。"他还说："华夏之士，争

① （南朝宋）范晔：《后汉书》卷四十下《班彪列传下》，1379 页，北京，中华书局，1965。
② （南朝宋）范晔：《后汉书》卷四十下《班彪列传下》，1377 页，北京，中华书局，1965。
③ （南朝宋）范晔：《后汉书》卷十上《皇后纪上》，426 页，北京，中华书局，1965。

相陵尚，违礼之本，事礼之末，务礼之华，弃礼之实，单家竭财，以相营赴……岂云圣人制礼之意乎？"[1] 不论是赞扬还是批评，"华夏"的称谓当时在官场和民间都是日常用语了。

东汉时期，人们还进一步认识到"诸夏"与"四夷"的不同是文化上的差异。思想家王充深刻地指出：

> 诸夏之人所以贵于夷狄者，以其通仁义之文，知古今之学也。[2]

这句话表明，"诸夏"与"四夷"不同的一个重要原因是文化差异，而不是民族本性的区别。这种带有理性的认识，除了继承了孔子的思想传统外，还表现在对秦始皇焚书坑儒的批判上：

---

[1] （南朝宋）范晔：《后汉书》卷三九《赵咨列传》，1315页，北京，中华书局，1965。
[2] 黄晖：《论衡校释》卷十三《别通篇》，见《新编诸子集成》，600页，北京，中华书局，1990。

> 始皇自以关中之固，金城千里，子孙帝王万世之
> 业也，遂恣睢旧习，矫任其私知，坑儒燔书，以愚
> 其黔首，穷奢肆欲，力役无厓，毒流诸夏，乱延蛮、
> 貊，由是二世绝祀，以成大汉之资。①

这些话也可看作一种文化上的批判，并指出"诸
夏""蛮貊"都是受害者。这实际上是把"诸夏""蛮貊"
放在同等地位上看待了，实为命运共同体的表现。

从上述史实可以看出，秦汉时期形成的中华民族，
在以华夏族（诸夏）为核心的各族间的交往交流交融展
开的情况下，不论是在密切的程度上还是在活动的地域
上都比春秋战国时期有了新的提升和扩大，尤其是对民
族包容的认可和对民族间文化差异的认识都达到了新的
高度。尽管各民族的矛盾、冲突仍然存在，但发展趋势
是各民族间的关系越来越密切，为中华民族共同体的发

---

① （汉）应劭撰，王利器校注：《风俗通义校注》，49 页，北京，中华书局，1981。

展创造了新的条件。

三、中华民族的发展（魏晋南北朝至隋唐时期）

东汉末年，政治腐败，社会动荡，东汉王朝于 220 年灭亡。此后，出现魏、蜀、吴三国鼎立的局面和西晋的短期统一，继而是南方东晋和北方十六国的分割以及南北朝的对立，直至隋朝的统一（589 年），中国历史经历了长期分裂割据的政治局面。在从东晋、十六国开始的 270 多年，从民族发展史和民族关系史的角度来看，发生了十分值得关注的几件大事：一是北方匈奴、鲜卑、羯、氐、羌等族纷纷南下，在广大的中原和北方先后建立了十多个政权，在相互矛盾、冲突中不断交往交流交融；二是鲜卑拓跋部建立的魏政权（史称后魏或北魏）在实行一系列改革后逐渐强大起来，最终统一北方，与南朝形成对峙的政治局面，凸显了鲜卑在中国历史上的重要贡献；三是"华夏"作为族称或地域的代称的观念有了更加准确的含义和广泛的使用；四是少数民族的历史进程和文明发展出现了显著的变化。这四件大事为隋唐新的大一统政治局面的形成奠定了政治的和民族的基础，这也是中华民族共同体在隋唐时期走向发展阶段的政治前提和民族根基。

北方民族进入中原后陆续建立的十多个政权既相互冲突，又与东晋争战，旧说称为"五胡乱华"。从今天的认识来看，不论是着眼于民族史和文明史的发展，还是着眼于统一的多民族国家的总的历史进程，十六国史都具有极重要的意义。[①] 十六国的统治者在中原士人的建议和帮助下，或恢复农业生产，或兴办学校，或制订礼制、法令，有的还有统一中国的雄心。如前秦苻坚曾放言："今四海事旷，兆庶未宁，黎元应抚，夷狄应和，方将混六合以一家，同有形于赤子。"[②] 足见他有统一南北的思想。后前秦

① 参见瞿林东：《十六国时期的政治文化倾向——重读〈晋书·载记〉》，载《安徽师范大学学报（人文社会科学版）》，2007（3）。
② （唐）房玄龄等：《晋书》卷一一三《苻坚载记上》，2896页，北京，中华书局，1974。

势力强大，而苻坚强而无谋，甚至断言"以吾之众旅，投鞭于江，足断其流"①，且又拒众口之谏，轻率发兵，终为东晋所败。

上述史实表明，匈奴、鲜卑、羯、氐、羌等族一旦进入中原，建立政权，便直接受到中原固有文化及其传统的影响，大大加快了文明发展进程。而在民族关系上，则出现了"和戎之术""夷狄应和""夷夏之情，咸共推之"等说法，反映出民族间交往交流交融的新形势。

需要指出的是，在十六国时期及后来的历史发展中，鲜卑显示出极大的推动作用。一是在十六国中，鲜卑所建立的政权多达五个，它们是前燕、后燕、西秦、南凉、南燕；二是在其后的北魏王朝政权中，鲜卑拓跋部的贵族发挥了北方民族大融合的核心作用。在这个意义上，从十六国时期到北魏王朝时期，鲜卑对北方民族大融合作出了重大贡献。这主要表现在：一是办学校，讲儒学，培养人

---

① （唐）房玄龄等：《晋书》卷——四《苻坚载记下》，2912页，北京，中华书局，1974。

才，有的还设立经学祭酒、律学祭酒、史学祭酒等职，颇有首创精神，是深层次的交往交流交融的表现。二是致力于恢复、发展农业生产。慕容皝接受谏言后认识到："君以黎元为国，黎元以谷为命。然则农者，国之本也。"[①]这些认识和措施都具有积极意义。

约当十六国时期（304—439年）的中期，鲜卑的拓跋珪建立魏政权，时为登国元年（386年），定都平城，史称北魏。立国之初，拓跋珪与博士李先有一段对话：

> 珪问博士李先曰："天下何物最善，可以益人神智？"对曰："莫若书籍。"珪曰："书籍凡有几何，如何可集？"对曰："自书契以来，世有滋益，以至于今，不可胜计。苟人主所好，何忧不集。"珪从之，命郡县大索书籍，悉送平城。[②]

① （唐）房玄龄等：《晋书》卷一〇九《慕容皝载记》，2825页，北京，中华书局，1974。
② （宋）司马光编著：《资治通鉴》卷一一一《晋纪三十三》，3488页，北京，中华书局，1956。

这从一个方面反映了北魏立国的政治远见，也预示着它在此后 100 多年中的历史作为。

拓跋珪在与群臣"议定国号"时曾说：

> 昔朕远祖，总御幽都，控制遐国，虽践王位，未定九州。逮于朕躬，处百代之季，天下分裂，诸华乏主。民俗虽殊，抚之在德，故躬率六军，扫平中土，凶逆荡除，遐迩率服。宜仍先号，以为魏焉。[①]

拓跋珪在讲到汉高祖刘邦何以"起于布衣而有天下"的原因时，又说：

> 《春秋》之义，大一统之美……自非继圣载德，天人合会，帝王之业，夫岂虚应。历观古今，不义而求非望者，徒丧其保家之道，而伏刀锯之诛。有国有

[①]（北齐）魏收：《魏书》卷二《太祖纪》，32～33 页，北京，中华书局，1974。

家者，诚能推废兴之有期，审天命之不易，察征应
之潜授，杜竞逐之邪言，绝奸雄之僭肆，思多福于止
足，则几于神智矣。①

这些话虽不免包含太多的"天命"思想，但联系上述
引文来看，拓跋珪使用"诸华"的族称和对刘邦的赞许以
及对"大一统之美"的钦羡，反映了他进步的民族统合观
念和治国理念，并对北魏此后的发展产生了深远的影响。
北魏世祖拓跋焘时"初造新字千余"，其诏书写道："……
孔子曰'名不正则事不成'，此之谓矣。今制定文字，
世所用者，颁下远近，永为楷式。"②同时，实施"起太
学""祀孔子""改定律令""除故革新，以正一统"以及
"宜宽徭赋，与民休息"的措施。③太延五年（439年），
北魏灭北凉，统一北方，是北魏历史上的一件大事。史

---

① （北齐）魏收：《魏书》卷二《太祖纪》，37 页，北京，中华书局，1974。
② （北齐）魏收：《魏书》卷四上《世祖纪上》，70 页，北京，中华书局，1974。
③ （北齐）魏收：《魏书》卷四上《世祖纪上》，83 页，北京，中华书局，1974。

臣称赞拓跋焘"扫统万，平秦陇，翦辽海，荡河源，南夷荷担，北蠕削迹，廓定四表，混一戎华，其为功也大矣"[1]。北魏统一北方，为政治改革和北方民族大融合创造了良好的社会环境。

太和十七年（493 年），北魏自平城迁都洛阳；太和二十年（496 年），孝文帝"诏改姓为元氏"[2]。这两件大事，进一步加快了北方民族的深度融合。孝文帝自谓迁都洛阳是为了"经营天下，期于混一"[3]，其改姓氏、定姓族、通婚姻更是直接推动了民族融合。

以上所论多着眼于北方诸民族的交往交流交融的趋势，这种趋势在南方诸民族中也有显现，《宋书》《南齐书》中都有一些记述，这里不一一列举。

这里需要强调的是，魏晋南北朝时期关于"华夏"的称说已非常普遍，其含义或指族属，或指地域，或指政治

---

① （北齐）魏收：《魏书》卷四下《世祖纪下》，109 页，北京，中华书局，1974。
② （北齐）魏收：《魏书》卷七下《高祖纪下》，179 页，北京，中华书局，1974。
③ （宋）司马光编著：《资治通鉴》卷一三八《齐纪四》，4339 页，北京，中华书局，1956。

实体。尤为重要的是，这些指称往往见于皇帝的诏书或大臣的奏议之中，表明其具有高度的代表性和正式称谓的作用。如：北魏太祖拓跋珪的诏书中有"天下分裂，诸华乏主"①之说，南朝齐武帝的诏书中有"在昔开运，光宅华夏"②之说。其他如"今华夏已平，南土知困矣"③，"华夏倾荡，王纲弛顿"④，"集成大命，清定华夏"⑤，"光复旧京，疆理华夏"⑥，"华夏分崩，九州幅裂"⑦，"华夏奉职贡，八荒觐殊类"⑧，"华夏乂安，要荒慕向"⑨，"制御华夏，辑平九服"⑩，"自太祖拨乱，荡涤华夏"⑪，等等。

① （北齐）魏收：《魏书》卷二《太祖纪》，32 页，北京，中华书局，1974。
② （梁）萧子显：《南齐书》卷三《武帝纪》，49 页，北京，中华书局，1972。
③ （晋）陈寿：《三国志》卷十《荀彧传》，317 页，北京，中华书局，1982。
④ （晋）陈寿：《三国志》卷十一《管宁传》，359 页，北京，中华书局，1982。
⑤ （唐）房玄龄等：《晋书》卷十九《礼上》，601 页，北京，中华书局，1974。
⑥ （唐）房玄龄等：《晋书》卷九八《桓温传》，2573 页，北京，中华书局，1974。
⑦ （唐）房玄龄等：《晋书》卷一〇九《慕容皝载记附阳裕传》，2828 页，北京，中华书局，1974。
⑧ （梁）沈约：《宋书》卷二十《乐二》，588 页，北京，中华书局，1974。
⑨ （梁）萧子显：《南齐书》卷六《明帝纪》，89 页，北京，中华书局，1972。
⑩ （北齐）魏收：《魏书》卷十九中《任城王拓跋澄传》，464～465 页，北京，中华书局，1974。
⑪ （北齐）魏收：《魏书》卷一一一《刑法志》，2873 页，北京，中华书局，1974。

此外，人们在交往中往往以"华夏"为参照来说明事物的特征。如："言语风气犹同华夏"[1]，"唯此一国，貌不甚胡，颇类华夏"[2]，"其俗丈夫衣服略同于华夏"[3]，"服饰，丈夫从胡法，妇人略同华夏……文字亦同华夏，兼用胡书。有《毛诗》《论语》《孝经》，置学官弟子，以相教授。虽习读之，而皆为胡语"[4]，"焉耆国……婚姻略同华夏"[5]，"于阗国……唯此一国，貌不甚胡，颇类华夏"[6]，等等。这些都反映出民族交融中人们的民族观念，也从一个方面反映了华夏族影响的扩大。

还有一种历史现象值得关注，即个别杰出人物的影响也会冠以"华夏"的名义。如《三国志·魏书·三少帝纪》裴注引《魏名臣奏》中华歆表文："故汉大司农北

① （北齐）魏收：《魏书》卷六一《田益宗传》，1375页，北京，中华书局，1974。
② （北齐）魏收：《魏书》卷一〇二《于阗传》，2263页，北京，中华书局，1974。
③ （唐）令狐德棻等：《周书》卷五十《吐谷浑传》，913页，北京，中华书局，1971。
④ （唐）令狐德棻等：《周书》卷五十《高昌传》，915页，北京，中华书局，1971。
⑤ （唐）令狐德棻等：《周书》卷五十《焉耆传》，916页，北京，中华书局，1971。
⑥ （唐）令狐德棻等：《周书》卷五十《于阗传》，917页，北京，中华书局，1971。

海郑玄，当时之学，名冠华夏，为世儒宗。"[1] 又如《三国志·蜀书·关羽传》中有"羽威震华夏"[2]之语。这里都是表述郑、关二人的影响范围之广，非仅指华夏族而言。

这时期的人们频繁地称说"华夏"时，也在称说其他民族，如：诸戎、夷越、胡夷、戎翟、戎夷、夷狄等。这说明民族间的交往交流交融是一个历史过程，也是一个历史发展趋势，这从北魏的历史进程可以看得十分清楚。从拓跋珪的三道诏书，可见其政治抱负和豁达的民族观念：一是讲"天下分裂，诸华乏主。民俗虽殊，抚之在德"，二是称颂"《春秋》之义，大一统之美"，三是指出"诚思成败之理，察治乱之由，鉴殷周之失，革秦汉之弊，则几于治矣"。[3] 可见拓跋珪所称颂之"大一统之美"不仅包含"诸华"，而且包含"民俗虽殊"即不同民族在内。其后，拓跋焘继承前人之志，实行一系列"除故革新，以

---

① （晋）陈寿：《三国志》卷四《三少帝纪》，142页，北京，中华书局，1982。
② （晋）陈寿：《三国志》卷三六《关羽传》，941页，北京，中华书局，1982。
③ （北齐）魏收：《魏书》卷二《太祖纪》，38页，北京，中华书局，1974。

正一统""廓定四表，混一戎华"①的措施，推进了北魏的历史进程。孝文帝拓跋宏的改革措施更加深入，包含迁都城、改姓氏、定姓族、颁新律、通婚姻、尊儒学等，其根本宗旨是"经营天下，期于混一"②。从拓跋珪到拓跋宏，在北魏的历史轨迹中可以看出，在多民族活动的区域，民族史的发展同政治史的发展关系极为密切。即民族间的交往交流交融同政治上的统一趋势相一致：北方民族大融合为北魏统一北方创造了民族基础，而北魏统一北方又给北方民族深入融合提供了社会条件。

隋唐时期中华民族的发展，就是在这个历史趋向上展开的。

北魏后期分裂为东魏与西魏，后来东魏被北齐取代，西魏被北周取代，而北周灭北齐后又为隋所取代，结束了北朝历史。隋文帝开皇九年（589 年），隋南下灭陈，

① （北齐）魏收：《魏书》卷四上《世祖纪上》，80 页，卷四下《世祖纪下》，109 页，北京，中华书局，1974。
② （宋）司马光编著：《资治通鉴》卷一三八《齐纪四》，4339 页，北京，中华书局，1956。

统一中国，终结了自三国鼎立以来（除西晋短期统一外）
300多年的分裂局面。隋朝短祚，但在重建中国统一的局
面上有重大贡献。在隋朝末年激烈的社会矛盾、冲突中，
隋朝灭亡，唐朝建立，形成如同秦汉两个统一王朝蝉联的
历史格局。

对于统一的政治局面，秦汉和隋唐的政治人物有不
同的表述。前者用"海内""一统"的说法较多，而后者
则多用"区宇""宇内""天下一家"的说法，但是本质
上都是指统一的政治局面或就全国范围而言的。这些用
语及其所反映的政治观念、历史观念，在中国历史上都
具有重要的意义。

隋文帝在诏书中有这样的说法："今区宇宁一，阴
阳顺序""朕君临区宇，深思治术""朕君临区宇，于兹
九载""天下大同，归于治理""方今区宇一家，烟火万
里""天下大同，声教远被"[1]，等等。隋炀帝则有"朕肃膺

---

[1] （唐）魏徵等：《隋书》卷一《高祖上》，17、20页，卷二《高祖下》，33、
38、51、52页，北京，中华书局，1973。

宝历，纂临万邦""君临天下"①之说。这些表述，都反映出政治统一局面下的话语特征。唐代政治人物尤其是唐太宗更是常用"天下"申述己意，如："是用笃厚风俗，化成天下""朕方选天下之才，为天下之务""赖苍昊降鉴，股肱宣力，提剑指麾，天下大定"。②针对高士廉等人所撰《氏族志》一书初稿，唐太宗更是极其鲜明地强调"天下一家"，他指出："我平定四海，天下一家，凡在朝士，皆功效显著，或忠孝可称，或学艺通博，所以擢用。"③意在说明"天下一家"来之不易，离不开"功效显著"的这些"朝士"。

在唐代史学家的著作中，"天下一家"的用语也很突出。如:《晋书·段灼传》引段灼上晋武帝书，其中有

① （唐）魏徵等:《隋书》卷三《炀帝上》，61 页，卷四《炀帝下》，86 页，北京，中华书局，1973。
② （后晋）刘昫等:《旧唐书》卷二《太宗上》，34 页，卷三《太宗下》，40、47 页，北京，中华书局，1975。
③ （后晋）刘昫等:《旧唐书》卷六五《高士廉传》，2443 ～ 2444 页，北京，中华书局，1975。

"汉文帝据已成之业，六合同风，天下一家"①。《隋书·庾质传》记庾质回答隋文帝所问时，说"今天下一家，未易可动"②。史学家杜佑更是进一步从总结历史上立分封与设郡县的经验教训出发，称道"始皇荡定，天下一家"，又指出"汉、隋、大唐，海内统一，人户滋殖，三代莫俦"。③在杜佑这里，把"海内统一"和"天下一家"都用上了，表明他对历史上统一局面的重视和对时下统一局面的欣慰之感。

综上可以认为，"天下一家"是隋唐统一局面的代名词，也是当时政治话语中最重要的、充满豪气的用语。在这样的历史氛围和社会条件下，中华民族共同体走向新的发展。

这个新的发展，反映为族称方面的变化：诸夏—夷狄—中华，中华—夷狄—华夷。这是一个历史过程，也是

① （唐）房玄龄等：《晋书》卷四八《段灼传》，1342 页，北京，中华书局，1974。
② （唐）魏徵等：《隋书》卷七八《庾质传》，1768 页，北京，中华书局，1973。
③ （唐）杜佑撰，王文锦、王永兴、刘俊文、徐庭云、谢方点校：《通典》卷三一《王侯总叙》，849 页，北京，中华书局，1988。

一个发展过程。在隋唐政治统一的局面下，各地各族的联系进一步加强，民族交往交流交融有新的发展，这在民族称谓上有明显的表现。在春秋战国时期民族融合过程中发展起来的华夏族，当时也称为诸华、诸夏，成为秦汉时期最活跃的民族，并同其他民族如戎、狄、蛮、夷等在统一国家的历史条件下获得新的发展。司马迁《史记》在叙述西周、春秋、战国史事时常常讲到"诸夏"，如："故畴人子弟分散，或在诸夏，或在夷狄，是以机祥废而不统"[①]，"九川既疏，九泽既洒，诸夏艾安，功施于三代"[②]，这都反映出历史的联系。不仅如此，司马迁还借用司马相如的赋作，表达了"诸夏乐贡，百蛮执赞"[③]的现实活动。班固《汉书》记汉宣帝时，匈奴呼韩邪单于拟于甘露三年正月"行朝礼"，宣帝"诏有司议，咸曰'圣王之制，施德行

---

① （汉）司马迁：《史记》卷二六《历书》，1258～1259 页，北京，中华书局，1982。
② （汉）司马迁：《史记》卷二九《河渠书》，1405 页，北京，中华书局，1982。
③ （汉）司马迁：《史记》卷一一七《司马相如列传》，3067 页，北京，中华书局，1982。

礼，先京师而后诸夏，先诸夏而后夷狄'"①。这反映了"诸夏"在汉代礼制中的位置，同时也反映出在统一国家的历史环境中，"诸夏"与"夷狄"同样受到礼制的荫庇。

这种"诸夏"与"夷狄"对称的情况到了魏晋南北朝时出现了很大的变化，即"诸夏"逐渐被"华夏"代替。早在汉章帝时，班固作《典引》"述叙汉德"，其中有"至乎三五华夏，京迁镐亳"②之句。其后，汉安帝时，大臣刘毅上书中有"华夏乐化，戎狄混并"③的表述。东汉末年，汉献帝在一道册命曹操为"魏公"的文书中写道："群凶觊觎，分裂诸夏"，"君翼宣风化，爰发四方，远人革面，华夏充实，是用锡君朱户以居"④。在这里，汉献帝同时用"诸夏"和"华夏"的称谓，反映了称谓变化的特点。建

---

① （汉）班固：《汉书》卷八《宣帝纪》，270 页，北京，中华书局，1962。
② （南朝宋）范晔：《后汉书》卷四十下《班彪列传下》，1379 页，北京，中华书局，1965。
③ （南朝宋）范晔：《后汉书》卷十上《皇后纪上》，426 页，北京，中华书局，1965。
④ （晋）陈寿：《三国志》卷一《武帝纪》，39 页，北京，中华书局，1982。

安二十五年即延康元年（220年），汉献帝"逊位"于魏王曹丕，裴注引《献帝传》记其盛况："魏王登坛受禅，公卿、列侯、诸将、匈奴单于、四夷朝者数万人陪位"[1]，亦可见"四夷"参与"诸夏"活动之一斑。

然而，在历史的进路上有时也会出现不同的声音。西晋学人江统撰写长篇文章《徙戎论》，立论于"夷蛮戎狄，谓之四夷，九服之制，地在要荒。《春秋》之义，内诸夏而外夷狄"[2]的理念，主张将内迁的匈奴、鲜卑、羯、氐、羌等族迁出关中地区。西晋皇帝没有采纳这个建议，"未及十年，而夷狄乱华，时服其深识"[3]。似乎历史证明了江统的预见，其实不然。唐代史家指出："《徙戎》之论，实乃经国远图。然运距中衰，陵替有渐，假其言见用，恐速祸招怨，无救于将颠也。"[4]唐人所论极是，更重要的是历

---

[1] （晋）陈寿：《三国志》卷二《文帝纪》裴注引《献帝传》，75页，北京，中华书局，1982。

[2] （唐）房玄龄等：《晋书》卷五六《江统传》，1529页，北京，中华书局，1974。

[3] （唐）房玄龄等：《晋书》卷五六《江统传》，1534页，北京，中华书局，1974。

[4] （唐）房玄龄等：《晋书》卷五六《孙绰传》，1547页，北京，中华书局，1974。

史的进路没有理睬这种不和谐音，依然走自己的路。

东晋十六国和南北朝时期，是人们称说"华夏"较多的时期。在西晋灭亡、晋室南渡之际，"河朔征镇夷夏一百八十人连名上表"①劝进司马睿称帝，表文中有"天地之际既交，华夷之情允洽"②等语。所谓"华夷之情允洽"，是因为参与上表劝进者包括华夷多种民族的官员、将领。同时，这也表明西晋时期民族交融的情况。东晋桓温在给晋哀帝的上疏中写道："诚宜远图庙算，大存经略，光复旧京，疆理华夏。"③北魏道武帝在定"国号"诏书中说"逮于朕躬，处百代之季，天下分裂，诸华乏主。民俗虽殊，抚之在德"④。其后，魏孝文帝同任城王商量迁都洛阳一事时，后者指出："伊洛中区，均天下所据，陛下制御华夏，辑平九服，苍生闻此，应当大庆。"⑤南朝梁人沈约

① （唐）房玄龄等：《晋书》卷六二《刘琨传》，1685页，北京，中华书局，1974。
② （唐）房玄龄等：《晋书》卷六《元帝纪》，147页，北京，中华书局，1974。
③ （唐）房玄龄等：《晋书》卷九八《桓温传》，2573页，北京，中华书局，1974。
④ （北齐）魏收：《魏书》卷二《太祖纪》，32～33页，北京，中华书局，1974。
⑤ （北齐）魏收：《魏书》卷十九中《任城王拓跋澄传》，464～465页，北京，中华书局，1974。

撰《宋书》，于《礼志》中引曹魏时人语"（明帝）清定华夏，兴制礼乐"①，在《乐志》也有"华夏奉职贡，八荒觐殊类"②的表述，又在《天文志》中写了晋惠帝时"二帝流亡，遂至六夷强，迭据华夏"③，等等。萧齐王朝的诏书，亦多称说"华夏"④。由此可见，南朝既称北方为"华夏"，也自称"华夏"。

上述民族称谓到隋唐时期又出现了较大的变化，即由主要称"华夏"过渡到主要称"中华"。当然，这也是一个渐变的过程。"中华"的称谓较早见于《三国志·蜀书·谯周传》裴注引《晋阳秋》中的文句："中华有顾瞻之哀，幽谷无迁乔之望。"⑤又见裴松之本人不赞成《魏略》一书对诸葛亮的评价，写道："若使游步中华，骋其龙光，

---

① （梁）沈约：《宋书》卷十六《礼三》，444页，北京，中华书局，1974。
② （梁）沈约：《宋书》卷二十《乐二》，588页，北京，中华书局，1974。
③ （梁）沈约：《宋书》卷二四《天文二》，701页，北京，中华书局，1974。
④ （梁）萧子显：《南齐书》卷三《武帝纪》，49页，卷六《明帝纪》，89页，北京，中华书局，1972。
⑤ （晋）陈寿：《三国志》卷四二《谯周传》裴注，1034页，北京，中华书局，1982。

岂夫多士所能沈翳哉！"① 前者当是指族称，后者当是指中华所处之地。东晋南朝时，大臣的表、疏、奏章和重要人物的书信，多有"中华"称说。如殷仲堪在奏疏中说"而统属梁州，盖定鼎中华"②，桓温在上疏中说"中华荡覆，狼狈失据"③，陈颙与王导书中说"中华所以倾弊，四海所以土崩者，正以取才失所"④，南朝宋人李辽在所上表文中说"自中华湮没，阙里荒毁，先王之泽寝，圣贤之风绝"⑤，等等。可见，"中华"的称谓是非常正式的，其使用也是十分广泛的。

北魏时，重"忠廉之节"的鹿悆曾作五言诗歌咏"中华"，其诗曰：

---

① （晋）陈寿：《三国志》卷三五《诸葛亮传》裴注，912 页，北京，中华书局，1982。
② （唐）房玄龄等：《晋书》卷八四《殷仲堪传》，2195 页，北京，中华书局，1974。
③ （唐）房玄龄等：《晋书》卷九八《桓温传》，2573 页，北京，中华书局，1974。
④ （唐）房玄龄等：《晋书》卷七一《陈颙传》，1893 页，北京，中华书局，1974。
⑤ （梁）沈约：《宋书》卷十四《礼一》，366 页，北京，中华书局，1974。

峄山万丈树，雕镂作琵琶。

由此材高远，弦响蔼中华。[①]

这是诗人用浪漫主义的比喻，歌颂心中高大的中华。又史载，北齐时，"鲜卑共轻中华朝士，唯惮服于昂，高祖每申令三军，常鲜卑语，昂若在列，则为华言"[②]。这里说明三个问题：一是鲜卑之人与中华之人在北齐朝中共事，二是中华之人受到鲜卑之人轻视，三是高昂在鲜卑化的统治者心目中有较大的影响。这里还有一个重要信息，即"中华"被简称为"华"，可见这是由来已久的传统。

更重要的是，隋唐时期人们对"中华"与"夷狄"有了新的解释，反映了民族观念的发展。这个时期，中华民族共同体的发展有以下几个标志：

第一，在国家政策层面，对中华、夷狄同等看待。唐太宗在晚年总结自己的五条政治经验时，郑重地说过这样

---

① （北齐）魏收：《魏书》卷七九《鹿悆传》，1762 页，北京，中华书局，1974。
② （唐）李百药：《北齐书》卷二一《高昂传》，295 页，北京，中华书局，1972。

的话:"自古皆贵中华,贱夷、狄,朕独爱之如一,故其
种落皆依朕如父母。"[1]唐太宗在朝廷上面对群臣总结经验
时讲的这番话,可作为当时的国家政策看待。同时表明
"中华""夷狄"是作为族称来表述的,自亦包含民族共同
体的意识。

第二,"族类"意识的提出。唐玄宗在《赐突厥玺书》
一文中认为:"汉日有呼韩邪,是卿族类,既率部落,来
慕中华,终保宠荣,足为前鉴。"[2]这里说的"族类",当
含有"民族"的成分,说明突厥与中华的密切联系。

第三,理性的民族观的发展。杜佑在其巨著《通典》
中指出:

　　古之人朴质,中华与夷狄同,有祭立尸焉,有以
人殉葬焉,有茹毛饮血焉,有巢居穴处焉,有不封不

① (宋)司马光编著:《资治通鉴》卷一九八《唐纪十四》,6247页,北京,中华
　　书局,1956。
② (清)董诰编:《全唐文》卷四〇,440页,北京,中华书局,1983。

树焉，有手抟食焉，有同姓婚娶焉，有不讳名焉。中华地中而气正，人性和而才惠，继生圣哲，渐革鄙风。今四夷诸国，地偏气犷，则多仍旧。①

　　这段论述表明，"中华"与"夷狄"在古代是没有什么区别的，是处在同一文明进程上的民族共同体，都具有"朴质"的特点，只是因所处地理环境的不同而显示出历史进程的差别。杜佑这样看待"中华"与"夷狄"在风俗上的差别，与前引王充所论都着眼于文化，是当时最进步的民族观念。
　　联系上文所述，可以认为：从王充到杜佑所论是理性的民族观念的发展，是中华民族发展阶段的重要标志之一。这种民族观念的发展已成为诗人群体创作的一个主题，如：

① （唐）杜佑撰，王文锦、王永兴、刘俊文、徐庭云、谢方点校：《通典》卷四八《礼典八》，1355 页，北京，中华书局，1988。

············

明时无外户，胜境即中华。

况今舅甥国，谁道隔流沙。[①]

少年离本国，今去已成翁。

客梦孤舟里，乡山积水东。

鳌沉崩巨岸，龙斗出遥空。

学得中华语，将归谁与同。[②]

　　前一首诗是咏民族情谊的，后一首诗是送别外国友人的，都饱含浓浓的"中华"情。

　　民族观念的发展，在政治活动中有更突出的表现。史载，唐太宗贞观八年（634年），皇家举办一次宴会，三品以上的官员都得以参加。席间，"高祖命突厥颉利可汗

---

① （唐）吕温：《吐蕃别馆和周十一郎中杨七录事望白水山作》，见（清）彭定求等编：《全唐诗》卷三七〇，4158页，北京，中华书局，1960。

② （唐）顾非熊：《送朴处士归新罗》，见（清）彭定求等编：《全唐诗》卷五〇九，5782页，北京，中华书局，1960。

起舞，又遣南越酋长冯智戴咏诗，既而笑曰：'胡、越一家，自古未之有也。'"①此前，还有"当今蛮夷率服""百姓获安，四夷咸附"等语。可见"胡、越一家"是当时民族关系的基本面貌。

尤其值得注意的是，唐王朝诸帝的诏敕、册文在涉及民族关系时，常常讲到"要荒蕃服，宜与和亲""戎夷纳款，日夕归朝，慕我华风""万里绝域，一德同心，求之古今，所未闻也""虽云华夷，欢若亲戚""须布中外，咸使闻知，表朕中怀，不问夷夏""万邦述职，无隔华夷""永执蕃礼，无替华风""总北方劲悍之师，慕中华清净之化……天下一家，与我同轨""北方之强，代济忠烈，惠行邻境，俗慕华风"②，等等。这些用语深刻地蕴含着当

---

① （后晋）刘昫等：《旧唐书》卷一《高祖纪》，18 页，北京，中华书局，1975。
② 见唐高祖《抚镇夷狄诏》、唐玄宗《令蕃客国子监观礼教敕》、唐肃宗《回纥叶护司空封忠义王制》、唐宣宗《议立回鹘可汗诏》、唐宣宗《遣使册回鹘可汗制》，以上见（宋）宋敏求编：《唐大诏令集》卷一二八，689～690、692～693 页，北京，中华书局，2008；唐玄宗《册疏勒国王文》、唐玄宗《册骨吐禄三姓毗伽颉利发文》、唐文宗《册回鹘彰信可汗文》、唐宣宗《大中十一年册回鹘可汗文》，以上见（宋）宋敏求编：《唐大诏令集》卷一二九，695～698 页，北京，中华书局，2008。

时中华民族共同体的发展：所谓"华风"即中华之风，所谓"虽云华夷，欢若亲戚""天下一家，与我同轨"显示出民族交融的新阶段。

第四，民族交融的标志性著作的出现。这种广泛的民族交融的新阶段，在当时的历史地理的撰述中也有体现。唐德宗贞元十七年（801年），历史地理学家贾耽撰成《海内华夷图》及《古今郡国县道四夷述》，他在献书表中写道：

> 臣幼切磋于师友，长趋侍于轩墀，自揣孱愚，叨荣非据，鸿私莫答，夙夜兢惶。去兴元元年，伏奉进止，令臣修撰国图……谨令工人画《海内华夷图》一轴，广三丈，纵三丈三尺，率以一寸折成百里。别章甫左衽，莫高山大川；缩四极于纤缟，分百郡于作绘。宇宙虽广，舒之不盈庭；舟车所通，览之咸在目。并撰《古今郡国县道四夷述》四十卷，中国以《禹贡》为首，外夷以《班史》发源，郡县纪其增减，

蕃落叙其衰盛。[①]

　　贾耽的《海内华夷图》不是一般的地图，而是一幅"国图"。从中可以得到三点认识：一是自秦汉以下，"海内"乃是当时政治统一体的代称，是"全国"之意；二是"华夷"从对称演变为合称，表明民族交融的密切关系；三是这种民族交融状况需要而且可能用地图表现出来，正是历史进程本身提供了这种可能性。这是继司马迁《史记》、班固《汉书》之后，又一部反映中华民族面貌的重要著作。再者，《新唐书·艺文志》杂史类著录杨晔《华夷帝王纪》三十七卷[②]，可见以"华夷"为主题的著述已受到学人的关注，这是在民族关系融洽的情况下才可能出现的学术现象。

　　第五，深刻的历史意识与完备的修史制度及其重要意

① （后晋）刘昫等：《旧唐书》卷一三八《贾耽传》，3786 页，北京，中华书局，1975。
② （宋）欧阳修、（宋）宋祁：《新唐书》卷五八《艺文二》，1465 页，北京，中华书局，1975。

义。唐初，唐高祖有《命萧瑀等修六代史诏》，唐太宗有《修晋书诏》，唐高宗有《简择史官诏》，反映了唐朝统治者深刻的历史意识，旨在防止"简牍未修，纪传咸缺，炎凉已积，谣俗迁讹，余烈遗风，泯焉将坠"[1]，历史失于记载的局面。唐太宗贞观三年（629 年）设史馆于禁中，并先后修成梁、陈、北齐、北周、隋"五代史"及《晋书》，使《史记》《汉书》以下历朝皆有史。这一做法反映了历史自信的精神，后代因之不绝，成为传统，使中华民族具有一部不曾间断的历史。关于对史官人选的重视，唐高宗《简择史官诏》有这样的概括："修撰国史，义在典实，自非操履贞白，业量该通，谠正有闻，方堪此任。"[2]《隋书·经籍志二》史部大序则有更加明确的表述："夫史官者，必求博闻强识、疏通知远之士，使居其位，百官众职，咸所贰焉。是故前言往行，无不识也；天文地理，无

① （宋）宋敏求编：《唐大诏令集》卷八一，467 页，北京，中华书局，2008。
② （宋）宋敏求编：《唐大诏令集》卷八一，467 页，北京，中华书局，2008。

不察也；人事之纪，无不达也。"[1] 凡此，反映了发展时期
的中华民族对历史的重视和自信。

综上，隋唐时期人们民族观念的发展、提升在政
治、文化、历史撰述等方面都有显著的表现，所谓"中华
风""中华礼""中华语"等，比秦汉时期的"华夏"有更
丰富的内涵和更广泛的含义，成为中华民族共同体进入发
展阶段的突出标志和特征。

四、中华民族的壮大和巩固（辽宋夏金至元明清时期）

从中华民族发展史及相关特点来看，辽、宋、夏、金
几个王朝并立及相互冲突的政治局面，对民族关系的发展
产生了极为深刻的影响。这主要表现在：以契丹贵族为主
建立的辽、以党项贵族为主建立的西夏、以女真贵族为主

---

[1] （唐）魏徵等：《隋书》卷三三《经籍二》，992 页，北京，中华书局，1973。

建立的金，都是一度具有强势的王朝，它们同两宋王朝形成复杂的关系，时战时和。这种分裂的政治局面持续了300多年（如从五代十国算起，时间还要更长一些），这势必不利于中华民族发展的历史进程，这是一方面。另一方面，辽、夏、金三朝的政治、社会、文化表明，契丹、党项、女真等族都已进入文明程度较高的阶段，而两宋王朝在隋唐王朝的基础上，在经济、文化方面继续走向新的发展阶段。这种政治上的格局，同样会影响到当时民族间交往交流交融的历史平台。比之魏晋南北朝的形势来说，这是一个文明水平更高的历史平台，这必将给历史带来更大的进步。历史辩证法告诉我们，这是一个争战、和议的时代，同时也是一个文化交融的时代。在人类历史进程中，争战是一种力的较量，是人们容易看得见的力的较量；而文化的交流交融同样也是一种力的较量，是人们不容易看见但足以影响人们的心灵的力的较量。

《辽史·百官志》显示出契丹在官制上的特色和创造，

设有均含多种级别与相应名称的北面官和南面官，体现出
官制名称与职掌的细密。辽的礼制建设也颇具规模，含
吉、凶、军、宾、嘉五礼。《辽史·礼志一》记："太宗克
晋，稍用汉礼。"[①] 它表明辽的礼制是吸收了中原王朝的礼
的传统。这里说的"太宗"指耶律德光，"晋"指五代后
晋。《辽史·乐志》记：有"国乐"（辽本朝之乐），"犹
先王之风"；有"诸国乐"，"犹诸侯之风"；有"雅乐"，
"自汉以后，相承雅乐，有古《颂》焉，有古《大雅》
焉"；有"大乐"，"自汉以来，因秦、楚之声置乐府。至
隋高祖诏求知音者，郑译得西域苏袛婆七旦之声，求合七
音八十四调之说，由是雅俗之乐，皆此声矣。用之朝廷，
别于雅乐者，谓之大乐"。"晋高祖使冯道、刘昫册应天
太后、太宗皇帝，其声器、工官与法驾，同归于辽。"[②]《辽
史·乐志》记"诸国乐"时记载了这样一件事："会同三
年（940年）端午日，百僚及诸国使称贺，如式燕饮，命

---

① （元）脱脱等：《辽史》卷四九《礼志一》，833 页，北京，中华书局，1974。
② （元）脱脱等：《辽史》卷五四《乐志》，885 页，北京，中华书局，1974。

回鹘、敦煌二使作本国舞。"① 由此可知，辽朝的乐舞既有继承秦、汉、隋、唐以来的传统的乐舞，又有反映自身"先王之风"和"诸侯之风"的乐舞，是一幅立体的交往交流交融的乐舞画卷。

金朝的制度建设比之于辽朝同样周密，有的地方更甚于辽朝。所不同的是，《金史》的志先自然（天文、历、五行、地理、河渠）后社会（礼、乐、仪卫、舆服、兵、刑、食货、选举、百官），凡39卷，其中"礼"就占了11卷，可见金朝的重礼。金朝学习唐、宋科举取士制度，《金史·选举志一》称："辽起唐季，颇用唐进士法取人，然仕于其国者，考其致身之所自，进士才十之二三耳。金承辽后，凡事欲轶辽世，故进士科目兼采唐、宋之法而增损之。其及第出身，视前代特重，而法亦密焉。"② 其科目有：

① （元）脱脱等：《辽史》卷五四《乐志》，882 页，北京，中华书局，1974。
② （元）脱脱等：《金史》卷五一《选举一》，1129～1130 页，北京，中华书局，1975。

　　金设科皆因辽、宋制，有词赋、经义、策试、律科、经童之制。海陵天德三年，罢策试科。世宗大定十一年，创设女直（真）进士科，初但试策，后增试论，所谓策论进士也。明昌初，又设制举宏词科，以待非常之士。故金取士之目有七焉。其试词赋、经义、策论中选者，谓之进士。律科、经童中选者，曰举人。①

对于考试范围，也有明确规定：

　　凡经，《易》则用王弼、韩康伯注，《书》用孔安国注，《诗》用毛苌注、郑玄笺，《春秋左氏传》用杜预注，《礼记》用孔颖达疏，《周礼》用郑玄注、贾公彦疏，《论语》用何晏集注、邢昺疏，《孟子》用赵岐注、孙奭疏，《孝经》用唐玄宗注，《史记》用裴

---

① （元）脱脱等：《金史》卷五一《选举一》，1130～1131页，北京，中华书局，1975。

骃注,《前汉书》用颜师古注,《后汉书》用李贤注,
《三国志》用裴松之注,及唐太宗《晋书》,沈约《宋
书》,萧子显《齐书》,姚思廉《梁书》《陈书》,魏
收《后魏书》,李百药《北齐书》,令狐德棻《周书》,
魏徵《隋书》,新旧《唐书》,新旧《五代史》,《老
子》用唐玄宗注疏,《荀子》用杨倞注,《扬子》用李
轨、宋咸、柳宗元、吴秘注,皆自国子监印之,授诸
学校。[1]

金朝选举,曾设南北两选:"北选词赋进士擢第
一百五十人,经义五十人,南选百五十人,计三百五十
人。嗣场,北选词赋进士七十人,经义三十人,南选
百五十人,计二百五十人。"后金世宗指示:"自今文理可
采者取之,毋限以数。"[2] 可见其对于人才的重视。

① （元）脱脱等:《金史》卷五一《选举一》,1131～1132页,北京,中华书局,
1975。
② （元）脱脱等:《金史》卷五一《选举一》,1136页,北京,中华书局,1975。

《金史》还设有"交聘表"，详记金宋、金夏的使臣交往，反映了当时各族间交往交流交融的密切情况。

值得注意的是，两宋虽非统一王朝，但在经济、政治、文化上都得到高度发展，对西夏、辽、金有很大的吸引力。尤其是宋朝的思想文化、文物制度、历史名著（如《新唐书》《资治通鉴》等），对周边民族有很大的影响。

关于西夏的社会历史面貌，元朝史官在《宋史·夏国传下》后论中有一段概括性评论，有助于我们对此有一个大致的认识，其写道：

概其历世二百五十八年，虽尝受封册于宋，宋亦称有岁币之赐、誓诏之答，要皆出于一时之言，其心未尝有臣顺之实也。元昊结发用兵，凡二十年，无能折其强者。乾顺建国学，设弟子员三百，立养贤务；仁孝增至三千，尊孔子为帝，设科取士，又置官学，自为训导。观其陈经立纪，《传》曰："不有君子，其能国乎？”①

　　由此也可约略看出，西夏曾一度立国之强，培育人才之盛，“陈经立纪”治国之方，等等。西夏史研究者对于西夏的政治制度有比较详细的论说，尤其是关于西夏法典《天盛改旧新定律令》的论说，证明西夏在制度文明方面达到了很高的成就：

　　　　天盛律令是中国中古时期少数民族建立的王朝中唯一保存下来的一部用民族文字颁行的比较完整的法典。在同时期的中国历史上，除汉族建立的宋朝法典外，契丹族建立的辽朝和女真族建立的金朝都颁行法典，但已都失传或基本不存于世，辽与金朝法典也都曾是用汉文颁行的。天盛律令用西夏文字刊行于世实属难能可贵，它对我们研究中国古代法律的承继、

①　（元）脱脱等：《宋史》卷四八六《外国二》，14030页，北京，中华书局，1985。

影响和发展，对研究西夏社会历史都具有十分珍贵的价值。①

由此看来，党项在文明进程上与契丹、女真总体是相近的。

综上可以认为：辽宋夏金时期，各族间的交往交流交融是在一个文明较高的历史平台上展开的。而契丹、女真、党项等族文字的创造，也是这一时期文明进程的一大特点。史载：辽太祖神册五年（920年）"始制契丹大字"，金太祖天辅三年（1119年）"颁女直（真）字"，西夏"元昊自制蕃书……而译《孝经》《尔雅》《四言杂字》为蕃语"。② 文字的创造极大地推进了本民族文化的发展和社会进步，各朝开展的译书事业也极大地推动了各族间在文

① 李锡厚、白滨：《西夏的政治制度》，见白钢主编：《中国政治制度通史》第7卷《辽金西夏》，531页，北京，人民出版社，1996。

② 分别见（元）脱脱等：《辽史》卷二《太祖下》，16页，北京，中华书局，1974；（元）脱脱等：《金史》卷二《太祖》，33页，北京，中华书局，1975；（元）脱脱等：《宋史》卷四八五《外国一》，13995页，北京，中华书局，1985。

化上的交往交流交融。

《辽史·文学上·萧韩家奴传》记：辽兴宗时，史官萧韩家奴通契丹、汉文字，"欲帝知古今成败，译《通历》《贞观政要》《五代史》"①。唐代史家马总所撰《通历》是一部编年体通史，上起太古，下讫隋末；唐代史家吴兢所撰《贞观政要》记唐太宗君臣论政，为世所重；其《五代史》当指薛居正所撰《旧五代史》。这三部书在当时可谓贯穿古今，历代兴衰成败约略可见，由此可以看出萧韩家奴的良苦用心。

金朝的译书事业尤具规模，专设译经所。史载：大定二十三年（1183年），"译经所进所译《易》、《书》、《论语》、《孟子》、《老子》、《扬子》、《文中子》、《刘子》及《新唐书》。上（金世宗）谓宰臣曰：'朕所以令译五经者，正欲女直（真）人知仁义道德所在耳。'命颁行之"②。

辽、金、西夏以本民族文字翻译中原历史文化典籍之

---

① （元）脱脱等：《辽史》卷一〇三《萧韩家奴》，1450页，北京，中华书局，1974。

② （元）脱脱等：《金史》卷八《世宗下》，184～185页，北京，中华书局，1975。

举，一时成为一个历史潮流，极大地促进了各族间的文化交融。从所译之书来看，《尚书》《春秋》《史记》《汉书》《贞观政要》《新唐书》《资治通鉴》是最受重视的著作。这既表明这些著作的影响力之大，也表明当时文化交融之深。这首先表现在最高统治者的治国理念的变化，辽兴宗与大臣马得臣之间的一段史事，或可反映这一变化的情景。《辽史·马得臣传》记：

马得臣，南京人，好学博古，善属文，尤长于诗。

保宁间，累迁政事舍人、翰林学士，常预朝议，以正直称。乾亨初，宋师屡犯边，命为南京副留守，复拜翰林学士承旨。

圣宗即位，皇太后称制，兼侍读学士。上阅唐高祖、太宗、玄宗三《纪》，得臣乃录其行事可法者进之。及扈从伐宋，进言降不可杀，亡不可追，二三其德者别议。诏从之。俄兼谏议大夫，知宣徽院事。[1]

---

① （元）脱脱等：《辽史》卷八十《马得臣传》，1279 页，北京，中华书局，1974。

从中可以看出当时民族交往交流交融的深入。契丹的文明进程和中原历史文化影响之广泛，在辽朝贵族阶层中也有明显的反映。如辽道宗时太师适鲁之妹的文化修养和政治见识即是突出的一例，史载：

耶律氏，太师适鲁之妹，小字常哥。幼爽秀，有成人风。及长，操行修洁，自誓不嫁。能诗文，不苟作。读《通历》，见前人得失，历能品藻。

咸雍间，作文以述时政。其略曰："君以民为体，民以君为心。人主当任忠贤，人臣当去比周，则政化平，阴阳顺。欲怀远，则崇恩尚德；欲强国，则轻徭薄赋。四端五典为治教之本，六府三事实生民之命。淫侈可以为戒，勤俭可以为师。错枉则人不敢诈，显忠则人不敢欺。勿泥空门，崇饰土木；勿事边鄙，妄费金帛。满当思溢，安必虑危。刑罚当罪，则民劝善。不宝远物，则贤者至。建万世磐石之业，制诸部强横之心。欲率下，则先正身；欲治远，则始朝廷。"

上称善。①

这篇政论不仅概括了《通历》的思想，而且包含了作者本人见识的发挥。辽道宗在位时，有一年皇太后生日，道宗作了一首题为《君臣同志华夷同风》②的诗表示祝贺，这也从一个方面反映出当时的政治风尚和历史走向。

金朝君臣熟读中原史书，且多有讨论、言及受益，是这一时期民族交往交流交融的一大特点。《金史·熙宗本纪》有这样一段记载：

上从容谓侍臣曰："朕每阅《贞观政要》，见其君臣议论，大可规法。"翰林学士韩昉对曰："皆由太宗温颜访问，房、杜辈竭忠尽诚。其书虽简，足以为法。"上曰："太宗固一代贤君，明皇何如？"昉曰：

① （元）脱脱等：《辽史》卷一〇七《耶律氏常哥传》，1472页，北京，中华书局，1974。

② （元）脱脱等：《辽史》卷二一《道宗一》，255页，北京，中华书局，1974。

"唐自太宗以来，惟明皇、宪宗可数。明皇所谓有始而无终者。初以艰危得位，用姚崇、宋璟，惟正是行，故能成开元之治。末年怠于万机，委政李林甫，奸谀是用，以致天宝之乱。苟能慎终如始，则贞观之风不难追矣。"上称善。又曰："周成王何如主？"昉对曰："古之贤君。"上曰："成王虽贤，亦周公辅佐之力。后世疑周公杀其兄，以朕观之，为社稷大计，亦不当非也。"①

这段讨论从唐太宗君臣的政治风范说到唐朝几代皇帝的得失，以至涉及对周成王和周公的评价，足见他们对中原历代政治统治的经验教训的重视。此后，世宗、章宗亦如此。如前所述，金世宗大力倡导翻译中原典籍，目的在于使女真人也知道仁义道德。他还说过："朕于圣经不能深解，至于史传，开卷辄有所益。"② 金章宗重视修史，重

---

① （元）脱脱等：《金史》卷四《熙宗》，74 页，北京，中华书局，1975。
② （元）脱脱等：《金史》卷八《世宗下》，195 页，北京，中华书局，1975。

视搜购中原历史文化典籍，曾"诏购求《崇文总目》内所阙书籍"[①]。金朝皇帝的这些认识和措施，反映了当时历史文化认同的深度。这种认同必将翻转过来影响到人们的社会实践活动，进一步推动历史的发展。其实，在底层民众那里，甚至在下层官员那里，这种交往交流交融无时不在，所谓"契丹、汉人久为一家""番、汉之民皆赤子也"[②]。女真将领往往还把"番、汉军兵"按照女真早年的"猛安谋克"[③]制度组织起来，或作战，或生产，成为真正的命运共同体。

　　在辽宋夏金时期这一复杂的历史环境中，北宋史学家司马光提出的"华夷两安，为利甚大"[④]的理念以及他主持撰写的《资治通鉴》，在思想文化事业建设上发挥了很大

① （元）脱脱等：《金史》卷十《章宗二》，231页，北京，中华书局，1975。
② （元）脱脱等：《金史》卷七五《庐彦伦传》，1715～1716页，北京，中华书局，1975。
③ （元）脱脱等：《金史》卷八二《郭企忠传》，1842页，北京，中华书局，1975。
④ （宋）李焘：《续资治通鉴长编》卷三七四"哲宗·元祐元年"，9064页，北京，中华书局，2004。

的影响力。金世宗曾感慨地对宰相说道："近览《资治通鉴》，编次累代废兴，甚有鉴戒，司马光用心如此，古之良史无以加也。"①金章宗"诏购求《崇文总目》内所阙书籍"之举，也是这种影响力的具体表现。

综上所述，联系王充所论"诸夏之人所以贵于夷狄者，以其通仁义之文，知古今之学也"，则辽、金、西夏已近于"诸夏之人"了，正如辽道宗所说"吾修文物，彬彬不异中华"②。这是历史文化上的巨大进步，是历史辩证法的力量所致。

辽宋夏金时期，各民族处在三个多世纪的大交往大交流大交融的过程中，其积极成果是把中华民族从发展阶段推进到壮大、巩固阶段。壮大、巩固阶段的主要标志是：

第一，中华民族生存空间的扩大。元王朝的建立，既是这种大交往大交流大交融的结果，又为这个结果——中

① （元）脱脱等：《金史》卷七《世宗中》，175 页，北京，中华书局，1975。
② （宋）洪皓撰，张剑光、刘丽整理：《松漠纪闻》，35 页，见《全宋笔记》第 3 编第 7 册，郑州，大象出版社，2008。

华民族共同体的壮大和巩固提供了政治条件。在这个政治条件下，中华民族在许多方面的联系都得以实现，从而壮大了自身。明修《元史·地理志一》写道：

　　自封建变为郡县，有天下者，汉、隋、唐、宋为盛，然幅员之广，咸不逮元。汉梗于北狄，隋不能服东夷，唐患在西戎，宋患常在西北。若元，则起朔漠，并西域，平西夏，灭女真，臣高丽，定南诏，遂下江南，而天下为一。故其地北逾阴山，西极流沙，东尽辽左，南越海表。盖汉东西九千三百二里，南北一万三千三百六十八里，唐东西九千五百一十一里，南北一万六千九百一十八里，元东南所至不下汉、唐，而西北则过之，有难以里数限者矣。[①]

　　生存空间的扩大，便于各族间的联系和中华民族的壮

<hr>

① （明）宋濂等：《元史》卷五八《地理一》，1345页，北京，中华书局，1976。

大与巩固。元在中央设宣政院，管理宗教与吐蕃军政事务；在澎湖设巡检司，管理台湾与澎湖地区。元还在全国设立驿站，有利于各地各族的交往。

第二，民族交融的加深与民族观念的变化、发展。在《辽史》《金史》和《宋史》等史书的记载中，民族交融的加深与民族观念的变化、发展都有突出的反映，如：

二月朔日，德光服汉法服，坐崇元殿受蕃汉朝贺，伪制大赦天下，改晋国为大辽国。①

凡举兵，帝率蕃汉文武臣僚，以青牛白马祭告天地、日神，惟不拜月，分命近臣告太祖以下诸陵及木叶山神，乃诏诸道征兵。②

大诛罚，大征讨，蕃汉诸臣集众共议，皇后裁

---

① （宋）薛居正：《旧五代史》卷一三七《契丹传》，1835页，北京，中华书局，1976。
② （元）脱脱等：《辽史》卷三四《兵卫志上》，397页，北京，中华书局，1974。

决，报之知帝而已。①

　　斡道冲，字宗圣，其先灵武人，从夏主迁兴州，世掌夏国史。道冲八岁以《尚书》中童子举，长通《五经》，为蕃、汉教授。译《论语注》，别作解义二十卷，曰《论语小义》。官至中书宰相而没。夏人尊孔子为至圣文宣帝，画道冲像列诸从祀。道冲又作《周易卜筮断》，以其国字书之，行于国中。元虞集有《西夏相斡公画像赞》。②

　　洪武初……又置十五都指挥使司以领卫所番汉诸军。③

　　丁丑八月，诏封太师、国王、都行省承制行事，赐誓券、黄金印曰："子孙传国，世世不绝。"分弘吉刺、亦乞烈思、兀鲁兀、忙兀等十军，及吾也而契

---

① （宋）叶隆礼撰，贾敬颜、林荣贵点校：《契丹国志》卷六《景宗孝成皇帝》，贾敬颜、林荣贵点校，69页，北京，中华书局，2014。
② （清）周春著，胡玉冰校补：《西夏书校补》卷三《斡道冲传》，125页，北京，中华书局，2014。
③ （清）张廷玉等：《明史》卷四十《地理一》，881页，北京，中华书局，1974。

丹、蕃、汉等军，并属麾下。①

五十八年，和琳等会勘后藏边界及鄂博情形，江孜番、汉兵已敷防守。②

这些记载表明，从过去那些对立的理念和称谓到这些和谐的理念和称谓，到"华夷同风""混一中华"，再到"天下一统，华夷一家"，不论是在朝廷、在军营还是在民间，这种民族交融都已经十分深入、密切了。这是中华民族共同体经历了漫长的历史发展而走向壮大的表现。

第三，重视修撰正史，进一步丰富了中华文化的内涵，反映出中华民族恢宏的包容性。元朝建立之初，便有修撰辽、金二史之议，继而更有修撰辽、金、宋三史之议，但因"正统"问题多有歧义，故迟迟未能修撰。"正统"问题是中国政治史和中国政治思想史上的重大问题，它至少在名义上涉及新兴王朝的合理性与合法性问题。元

---

① （明）宋濂等：《元史》卷一一九《木华黎传》，2932 页，北京，中华书局，1976。
② （清）赵尔巽等：《清史稿》卷一三七《兵志八》，4085 页，北京，中华书局，1977。

朝是一个盛大的朝代，但它脱胎于辽宋夏金这个复杂的政治局面，如何把"正统"问题理顺就成了难以抉择的困局。当元顺帝君臣决然承认辽、金、宋三朝都是"正统"时，表明蒙古贵族集团在民族问题上更看重"混一中华"而不再强调民族界限。更重要的是，承认辽、金、宋都是"正统"而它们又归于元，表明元朝继承辽、金、宋三朝（当然还包含西夏）的政治遗产，因此元朝统治者自然就是合法的统治者了。由此可见修撰正史与王朝政治的密切关系。这从至正三年（1343 年）元顺帝下达的《修三史诏》看得十分清楚，尤其是诏书中的这几句话表述得极为明确：

> 这三国为圣朝所取制度、典章、治乱、兴亡之由，恐因岁久散失，合遴选文臣，分史置局，纂修成书，以见祖宗盛德得天下辽、金、宋三国之由，垂鉴后世，做一代盛典。[①]

---

① （元）脱脱等：《辽史》附录《修三史诏》，1554 页，北京，中华书局，1974。

　　诏书表明，元从辽、金、宋而来，学习了它们的制度、典章和治乱、兴亡的经验教训。肯定辽、金、宋，就是肯定元的"正统"地位，同时也反映出蒙古贵族对其他民族的尊重。从本质上看，所谓"混一中华"乃是一个更加壮大的中华民族，这也说明了元朝君臣是中国古代修撰正史传统的真正继承者。而这种继承在《三史凡例》中也有具体的要求，一是关于"帝纪"："三国各史书法，准《史记》《西汉书》《新唐书》。各国称号等事，准南、北史。"二是关于书事原则："疑事传疑，信事传信，准《春秋》。"[①]中国修史传统是中华文化经久不衰的一个重要方面，也是历史文化认同的一个重要内容，"凡例"中说到遵循《史记》《汉书》《新唐书》《南史》《北史》《春秋》的做法，很中肯，也很重要。元修辽、金、宋三史，进一步突出了中国多民族史学的特点，丰富了中华文化的内涵，生动地和深刻地说明了这一传统的历史价值。这就是

---

① （元）脱脱等：《辽史》附录《三史凡例》，1557 页，北京，中华书局，1974。

文化影响、文化交融所显示出的"力"的作用。

　　这里还要提到一本与辽、金、宋三史相关联的书，即元代回族史家察罕所撰的《历代帝王纪年纂要》。察罕（约 1245—1322），自号白云，历仕世祖、成宗、武宗、仁宗四朝。他所撰《历代帝王纪年纂要》，上起传说中的伏羲，下迄延祐五年（1318 年）。此书受到仁宗重视，命送史馆。时人程钜夫称"信白云端在此之编矣"。明代学人黄谏推重此书，补撰其下限至洪武元年（1368 年），并在序中称此书为"观史之要"。清代学人张海鹏于嘉庆十四年（1809 年）订正此书，并在跋语中称此书"未始不为读史者叩关之一钥也"。这部贯通的"帝王纪年"对辽、金、宋作同等记述，反映了元代君臣对历史传统的认识，并得到明清学人的认同和赞许。[①]

　　说到修撰正史，明修《元史》和清修《明史》也同样具有重要意义。

---

① 参见操宇晴：《浅论元代回回史家察罕的史识与撰述》，载《西域研究》，2020（3）。

　　明太祖朱元璋和他所代表的政治集团，是推翻元朝统治的胜利者。元灭亡前，朱元璋在《谕中原檄》中曾发出"驱逐胡虏，恢复中华"的号召①，但他在元亡之后却十分关注修撰《元史》，显示了一个政治家的胸怀。史载："洪武元年冬十有一月命启十三朝实录，建局删修，而诏宋濂、王祎总裁其事。起山林遗逸之士，协恭共成之，以其不仕于元而得笔削之公也。"②明朝建立之初，就提起修撰元朝历史之事，足见其重视的程度。当修撰人员齐备后，明太祖对廷臣说："近克元都，得元十三朝实录，元虽亡，国事当记载，况史纪成败，示惩劝，不可废也。"③他进而对修史者指出：

　　　　自古有天下国家者，行事见于当时，是非公于后

① （明）王世贞：《弇山堂别集》卷八五《诏令杂考一》，1617 页，北京，中华书局，1985。
② （明）宋濂：《吕氏采史目录序》，见徐儒宗等点校：《宋濂全集》第三册《宋学士文集·銮坡后集》卷四，774 页，杭州，浙江古籍出版社，2014。
③ 《明太祖实录》卷三九"洪武二年二月"，783 ～ 784 页，台北，"中研院"历史语言研究所，1962。

世，故一代之兴衰，必有一代之史以载之。元主中国殆将百年，其初君臣朴厚，政事简略，与民休息，时号小康。然昧于先王之道，酣溺胡虏之俗，制度疏阔，礼乐无闻，至其季世，嗣君荒淫，权臣跋扈，兵戈四起，民命颠危，虽间有贤智之臣，言不见信，信不见用，天下遂至土崩。然其间君臣行事，有善有否，贤人君子，或隐或显，其言行亦多可称者。今命尔等修纂，以备一代之史。务直述其事，毋溢美，毋隐恶，庶合公论，以垂鉴戒。[①]

从这道上谕来看，明太祖对元朝历史有褒有贬，同时讲到了史学的价值和修史的意义，没有明显的民族偏见和"胜利者"的傲气，是一篇得体的修史上谕。据《元史》的《纂修元史凡例》及《目录后记》所言，《元史》修纂是严肃和认真的。宋濂认为："昔者，唐太宗以开基之主，

---

① 《明太祖实录》卷三九"洪武二年二月"，783 页，台北，"中研院"历史语言研究所，1962。

干戈甫定，即留神于《晋书》，敕房玄龄等撰次成编，人至今传之。钦惟皇上龙飞江左，取天下于群雄之手，大统既正，亦诏修前代之史，以为世鉴。古今帝王能成大业者，其英见卓识，若合符节盖如是。於戏盛哉！"①宋濂联系古今，发此感慨，出于当时史家之至诚。他说的"古今帝王能成大业者"云云，确是道出了中华史学为前朝修撰正史的优良传统。从《纂修元史凡例》也可具体地看到这一优良传统的存在及其意义，如"今修《元史》，本纪准两汉史""志准《宋史》""表准辽、金史""传准历代史而参酌之"。又如，"历代史书，纪、志、表、传之末，各有论赞之辞。今修《元史》，不作论赞，但据事直书，具文见意，使其善恶自见，准《春秋》及钦奉圣旨事意。"②把修史的继承关系写入凡例，可见其重视的程度。

明修《元史》多据元朝实录，从动议到完成，首尾只

①　（明）宋濂等：《元史》附录《宋濂目录后记》，4677～4678页，北京，中华书局，1976。
②　（明）宋濂等：《元史》附录《纂修元史凡例》，4676页，北京，中华书局，1976。

有一年。而清修《明史》首尾经历 90 多年，是历朝正史修撰费时最多的。清顺治二年（1645 年）议修《明史》，至乾隆四年（1739 年）《明史》才正式刊布，前后历经顺治、康熙、雍正、乾隆四朝。究其原因，一是义例不明。康熙十八年（1679 年），史官朱彝尊上书总裁官，还提出讨论《明史》义例的要求，这时议修《明史》已过去 30 多年。二是总裁官的更换。在 90 多年中，修撰《明史》的总裁官三易其人，先后由张玉书、王鸿绪、张廷玉任其责，后任者在前任者书稿基础上不断修改，花费许多时日。三是史料汗漫、舛讹，需要反复删削、订正。《张廷玉上明史表》一文，反映了此种情况：

> 第以长编汗漫，抑且杂记舛讹。靖难从亡，传闻互异；追尊议礼，聚讼纷挐。降及国本之危疑，酿为《要典》之决裂。兵符四出，功罪难明；党论相寻，贞邪易贸。稗官野录，大都荒诞无稽；家传碑铭，亦

复浮夸失实。欲以信今而传后，允资博考而旁参。[1]

为了"信今而传后"，多费时日也是值得的。《明史》新设"土司传"，反映了中央和地方之关系的新形式，也反映了民族交融的新进展。

《明史》修撰成功的重大意义在于，它是中国古代史上修撰前朝正史的收官之作，表明中国古代每一王朝都有翔实的历史记载，构成了中华史学之连续不断的历史典籍，它们以无可辩驳的事实记录了中华民族辉煌的古代历史。

第四，续修典章制度史，贯穿中华制度文明进程。天历二年（1329 年），元明宗"敕翰林国史院官同奎章阁学士采辑本朝典故，准唐、宋《会要》，著为《经世大典》"[2]；至顺二年（1331 年），"奎章阁学士院纂修《皇朝

① （清）张廷玉等：《明史》附录《张廷玉上明史表》，8630 页，北京，中华书局，1974。

② （明）宋濂等：《元史》卷三三《文宗二》，740～741 页，北京，中华书局，1976。

经世大典》成"①。元修《经世大典》"八百八十卷，另附
《目录》十二卷，《公牍》一卷，《纂修通议》一卷，全书
含君事、臣事两大部分，君事分帝号、帝训、帝制、帝系
等四篇，因使用大量蒙古材料和档案，专设蒙古局纂修；
臣事分治典、赋典、礼典、政典、宪典、工典等六篇，由
奎章阁学士院修纂，共十篇"②。欧阳玄在《进经世大典表》
中指出："爰命文臣，体'会要'之遗意，遍敕宫寺，发
掌故之旧章，仿《周礼》之六官，作皇朝之大典。"③可见，
此书一方面保存了"本朝典故"，具有民族特色，另一方
面又按照唐、宋《会要》的体例进行编纂。这是在继承中
有所丰富，反映了中华文化在发展中不断吸收各民族的创
造而越发丰富多彩。

　　清朝统治者对中国古代典章制度史同样十分重视。乾

① （明）宋濂等：《元史》卷三五《文宗四》，785 页，北京，中华书局，1976。
② （元）赵世延、虞集等撰，周少川、魏训田、谢辉辑校：《经世大典辑校》，整理前言，1 页，北京，中华书局，2020。
③ （元）欧阳玄：《欧阳玄集》卷一三《进经世大典表》，197 页，长沙，岳麓书社，2010。

隆十二年（1747 年），乾隆撰《重刻〈通典〉序》，写道：

> 此书则佑自言征于人事，将施有政，故简而有
> 要，核而不文。观其分门起例，由食货以讫边防，先
> 养而后教，先礼而后刑，设官以治民，安内以驭外，
> 本末次第，具有条理，亦恢恢乎经国之良模矣。书
> 曰："学于古训乃有获。"为国家者，立纲陈纪，斟酌
> 古今，将期与治同道而不泥其迹，则是书实考镜所必
> 资，岂以供博览而已哉！爰揭之以告读是书者。①

在乾隆看来，《通典》远不只是一部历史书，还是一
部为政的参考书。他不仅指示重新校刻"三通"即《通
典》《通志》《文献通考》，而且在当年命史臣纂修《续文
献通考》，其谕旨写道：

---

① （清）乾隆：《御制重刻〈通典〉序》，见（唐）杜佑撰，王文锦、王永兴、刘
　俊文、徐庭云、谢方点校：《通典》附录一，5513 页，北京，中华书局，1988。

马端临《文献通考》一书，综贯历代典章制度，由上古以迄唐、宋，源委了然，学者资以考镜。明王圻取辽、金、元、明事迹续之，烦芜寡要，未足与"三通"并，且至今又百五十余年矣。我朝监古定制，宪章明备，是宜搜择讨论，以征信从。其自乾隆十年以前，《会典》所载，令甲所布，金匮石室所储，与夫近代因革损益之异，上溯宋嘉定以后，马氏所未备者，悉著于编，为《续文献通考》。大学士张廷玉，尚书梁诗正、汪由敦经理其事，惟简惟要，所有纂辑事宜酌议以闻。①

乾隆不满意明代史家王圻所撰的《续文献通考》，认为它"未足与'三通'并"，命史臣采择清朝"宪章"及"《会典》所载"，自乾隆十年上溯宋嘉定以后制度，另撰《续文献通考》。乾隆的深意，是要把新近过去的历史运

---

① 《清高宗实录》卷二九二"乾隆十二年六月甲戌"，见《清实录》第12册，834页，北京，中华书局，1985。

动固化为严肃的历史记录，故尤其强调"惟简惟要"。清朝的文化工程还远不止此，乾隆三十二年（1767 年），乾隆进而诏命史臣纂修"续修三通"之作，其上谕称：

前开馆续纂《文献通考》一书，并添辑本朝一切典制，分门进呈，朕亲加披览。随时裁定。全书现在告竣，经该总裁等奏请将馆务停止。因思马端临《通考》，原踵杜佑《通典》、郑樵《通志》而作，三书实相辅而行，不可偏废。曩因旧本多讹，曾命儒臣详为校勘，镌刻流传，嘉惠海内。今《续通考》，复因王圻旧本改订增修。惟《通典》《通志》，向未议及补辑，士林未免抱阙如之憾。着仍行开馆，一体编辑。所有开馆事宜，着大学士详悉定议具奏。其修书义例，有应仍、应改之处，该总裁等务博稽前典，参酌时宜，而要之以纪实无讹，可垂久远。至现辑《续通考》一书，从前所进各门，仅载至乾隆二十五年以前，而陆续呈进者，并纂入三十一年之事，先后体制，尚未画一。着交新开书馆，将所纂二十四考概行增辑，编载事实，悉以本年为准。增添各卷，即速缮呈览，以便刊版颁行。其《通典》《通志》二书，亦以三十一年为限，以期画一。①

　　从对"三通"的重视到撰《续文献通考》《皇朝文献通考》，从撰《续通典》《续通志》到撰《皇朝通典》《皇朝通志》，反映了清朝统治者对典章制度史的认同和继承、发展。

　　这些撰述都在乾隆年间完成，这样大规模地续修中国古代典章制度史，在历史上是前所未有的。这说明了两个问题：第一，清朝统治者极为重视典制体史书的传承及其借鉴意义；第二，清朝统治者认为自身是历史上典章制度的继承者，故"续三通"时当有"皇朝三通"（即"清三通"），这是进一步落实了顺治皇帝在祭黄帝文中说的"维

① 《清高宗实录》卷七七八"乾隆三十二年二月丙申"，见《清实录》第 18 册，546～547 页，北京，中华书局，1986。

道统而新治统"和康熙皇帝在祭黄帝文中说的"继道统而新治统"的理念。从今天的认识来看，清朝统治者如此大规模地续修中国古代制度史，是从历史撰述上贯穿了中华制度文明史，彰显了中华民族在制度文明领域的创造和实践及其对世界文明的贡献。

五、中华民族从自在发展走向自觉发展阶段（鸦片战争至新中国成立前夕）

从鸦片战争到新中国成立前夕，是中华民族从自在状态走向自觉状态的阶段。在这个阶段中，历史发生巨变，帝国主义列强纷纷以武力打开中国大门，屠杀中国人民，掠夺中国财富，强迫清廷签订一系列不平等条约，侵占中国国土，以强权制定"公理"，以"公理"维护强权。中国陷入了半殖民地半封建社会的劫难之中。中华民族为救亡图存，一则进行改革，寄希望于清廷；一则进行武力抗争。但直至孙中山领导的辛亥革命推翻了清王朝，也未能从根本上改变中国半殖民地半封建社会的命运。20 世纪 30 年代，日本侵略者发动大规模侵华战争，中国人民发出"把我们的血肉，筑成我们新的长城！中华民族到了最危险的时候"的悲壮呼声，响彻中华大地。在中国共产党的领导下，中国人民结成广泛的抗日民族统一战线，中华民族共同体在救亡图存的思潮与斗争中变得更加强大，终于取得了反侵略战争和解放战争的伟大胜利，推翻了压在中国人民头上的"三座大山"。1949 年 9 月 21 日，毛泽东在中国人民政治协商会议第一届全体会议开幕词中庄严宣布："中国人被人认为不文明的时代已经过去了，我们将以一个具有高度文化的民族出现于世界。"[①]毛泽东的话表明了中华民族的高度自觉和自信，开启了一个新的时代。

殖民主义的入侵带给中华民族重重的劫难。中华民族自秦汉形成以来至清代中期，其发展、壮大和巩固的历程，虽有与国外的交往与联系，但这种交往与联系，

[①] 《毛泽东文集》第 5 卷，345 页，北京，人民出版社，1995。

都不曾影响到这一历程的正常发展。道光二十年（1840年），英国人的鸦片贸易引发的第一次鸦片战争，致使腐朽的清廷在战争中遭到失败，被迫与英国侵略者签订了丧权辱国的《南京条约》。此后，西方帝国主义者纷至沓来，以武力强迫清廷签订了一系列不平等条约，使中国陷入半殖民地半封建社会，中国人民遭受帝国主义列强的压迫和剥削，中华民族陷于劫难之中。《南京条约》等一批不平等条约的签订，是中国陷于半殖民地半封建社会的开始，也使中国原有的人民大众与封建主义的矛盾依然存在的情况下，加上了中华民族同帝国主义的矛盾并成为中国社会的主要矛盾。中国社会由此进入近代时期。

1851 年，太平天国农民起义爆发，并在初期取得了一系列胜利。外国列强通过各种途径联系太平军，妄图让太平军承认其在华种种特权，遭到太平军的拒绝。于是，列强用种种借口向清廷施压，并于 1856 年发动了第二次鸦片战争，目的同第一次鸦片战争一样，是要在中国获得经济、政治以至军事利益。1858 年，英法联军攻陷大沽、天津，清廷被迫与英、法、俄、美四国签订《天津条约》，承认"洋货"内销各地，不再征税，"洋药"（鸦片）公开进口等。马克思在 1858 年撰写的《鸦片贸易史》一文中尖锐地指出：

> 第一次鸦片战争还刺激了鸦片贸易的增长而损害了合法贸易；只要整个文明世界的压力还没有迫使英国放弃在印度强制种植鸦片和以武力在中国推销鸦片的做法，那么这第二次鸦片战争就会产生同样的后果。①

马克思进而指出：

> ……文明人却以自私自利的原则与之对抗……在

① 《马克思恩格斯选集》第 1 卷，801～802 页，北京，人民出版社，2012。

这场决斗中，陈腐世界的代表是激于道义，而最现代的社会的代表却是为了获得贱买贵卖的特权——这真是任何诗人想也不敢想的一种奇异的对联式悲歌。①

这就是马克思所揭示的两次鸦片战争的本质。19世纪后期列强发动的一系列侵华战争，都是这一本质的扩大和加深。尤其是1894年中日甲午战争中国战败后被迫签订的《马关条约》，迫使中国割让台湾全岛及附属岛屿、澎湖列岛给日本，赔偿日本军费白银二亿两，开放沙市、重庆、苏州、杭州为商埠，允许日本在中国开设工厂等。1900年，英、美、日、俄、德、法、奥、意八国联军为镇压义和团运动发动侵华战争并攻陷天津、北京，清廷一面派兵抵抗，一面暗中一再向外国求和。1901年，清廷被迫与11国签订《辛丑条约》，向各国赔款白银四亿五千万两，分39年付清，连同年利四厘，总计达九亿

---

① 《马克思恩格斯选集》第1卷，804页，北京，人民出版社，2012。

八千二百万两。此外还有地方赔款二千万两以上，总数超过十亿两白银。这项赔款史称"庚子赔款"。《马关条约》《辛丑条约》的签订，标志着中国半殖民地半封建社会的统治秩序，已经完全确定下来，中华民族陷于更深的劫难和危机之中。

中华民族为救亡图存而求索奋斗。清廷在鸦片战争中的失败以及被迫签订丧权辱国的《南京条约》等，令国人震惊、无比愤慨，认为这是中华民族历史上极大的屈辱，也使中华民族处于危亡之际。于是救亡图存的思潮由此而起，这从中国史学的发展上看得十分清楚。早在鸦片战争前夕，出于对民族危机的预感，龚自珍已着手于对边疆史地的研究，而林则徐则倡导对外国史地的研究。对边疆史地的研究，固已涉及对外国历史与现状的考察，而对外国史地的研究，则往往联系着对当时中国前途的抉择与命运的估量。这两股史学思潮的奔腾、激荡，都同时代的脉搏产生共振。

林则徐在广州禁烟时，有一种了解世界、认识世界的迫切感，乃命人翻译英人慕瑞所著《世界地理大全》，并亲自润色，编订刊刻，定名为《四洲志》。这是一本简略介绍世界各洲 30 多个国家地理、历史的书，虽仅一卷，但开风气之先，对后来学人研究、撰述外国史地之风，有倡导的作用。

继林则徐之后，魏源（1794—1857）写出了《海国图志》。作者采用一些西人著作、图说，编撰了一部系统的世界史地及现状的专书，确是一部开创性的著作。魏源在此书"原叙"中郑重指出撰述《海国图志》的目的，他说："是书何以作？曰：为以夷攻夷而作，为以夷款夷而作，为师夷长技以制夷而作。"[①] 有高度政治声望的林则徐任两广总督时，"日日使人刺探西事，翻译西书，又购其新闻纸"[②] 等做法，影响了一大批关注世务的士人。鸦片战争的经过及其结局使魏源进一步认识到，要富国强兵、

① （清）魏源：《海国图志》，原叙，2 页，长沙，岳麓书社，2011。
② （清）魏源：《道光洋艘征抚记》上，见《魏源集》上册，174 页，北京，中华书局，1976。

有效御侮，不仅要内修政理，还要学习外国"长技"。从历史观点来看，这是中国史学家从沉痛的历史教训中得到的认识。这一认识，在当时的史学家中多有类似的表现。

如王韬（1828—1897）所著《法国志略》一书也同样提出了解外国、认识外国的重要性。此书初撰于同治十年（1871年），凡16卷。光绪十六年（1890年）重订刊刻时，增补为24卷。作者在重订本"序言"中着重强调了这样的见解："方今泰西诸国，智术日开，穷理尽性，务以富强其国，而我民人固陋自安，曾不知天壤间有瑰伟绝特之事，则人何以自奋，国何以自立哉！"又说："欧罗巴列邦于明万历年间已来中国，立埠通商，聚居濠镜。逮《明史》作传，犹不能明法兰西之所在，几视与东南洋诸岛国等，是其于艾儒略所著之《职方外纪》尚未寓目，况其他哉？宜其为远人所致诮也。"① 作者从欧洲各国的历史

---

① （清）王韬：《重订法国志略》，序言，光绪十六年刻本。

和现状出发，指出了中国人了解世界、认识世界的紧迫性——"固陋自安"则人无以自奋、国无以自立，反映了作者忧国忧民的心境。

又如黄遵宪所著《日本国志》一书，撰成于光绪十三年（1887年），他在"自叙"中表明撰写此书的初衷："以余观：日本士夫类能读中国之书，考中国之事；而中国士夫好谈古义，足以自封，于外事不屑措意，无论泰西，即日本与我仅隔一衣带水，击柝相闻，朝发可以夕至，亦视之若海外三神山，可望而不可即！"①他援引《周礼》所载"外史"之职，乃撰此书，并自比"外史氏"而发议论，只是为了表明"今之士夫亦思古人学问，考古即所以通今，两不偏废"②。其良苦用心，可见一斑。这些话反映出作者对于研究"外事"的强烈的自觉意识，对于当时的中国士大夫"好谈古义，足以自封"③的狭隘眼光深以为

---

① （清）黄遵宪：《日本国志》上卷，卷首4页，天津，天津人民出版社，2005。
② （清）黄遵宪：《日本国志》上卷，卷首4页，天津，天津人民出版社，2005。
③ （清）黄遵宪：《日本国志》上卷，卷首4页，天津，天津人民出版社，2005。

忧。3年后，即光绪十六年（1890年），黄遵宪在改定《日本杂事诗·自序》中进一步叙述了他对于明治维新以来日本形势的认识过程：其"拟草《日本国志》一书"时，意在"网罗旧闻，参考新政"；而后，"及阅历日深，闻见日拓，颇悉穷变通久之理，乃信其政从西法，革故取新，卓然能自树立"。[①]作者的这些认识，表明他是站在历史发展潮流的前头来观察日本的历史和现状的，同时也是以此来观察中国的历史和现状的。

鸦片战争后，在魏源、王韬、黄遵宪等人研究外国史地的同时，也有一批史学家关注本国边疆史地的研究和撰述，其中姚莹的《康輶纪行》、张穆的《蒙古游牧记》、何秋涛的《朔方备乘》颇具代表性。

姚莹（1785—1853），字石甫，安徽桐城人。嘉庆进士，曾两度奉调至台湾任职，先署海防噶玛兰同知，后为台湾兵备道。鸦片战争爆发，英军侵犯鸡笼海口大安港，

---

① （清）黄遵宪著，钟叔河辑校：《日本杂事诗广注》，23页，长沙，湖南人民出版社，1981。

姚莹与总兵达洪阿率兵屡败英军。道光二十四年（1844
年），以同知直隶州知州发往四川效用，旋又两度奉使入
藏"抚谕"，先后到达乍雅、察木多。《康輶纪行》一书，
即其于道光二十四年至二十六年（1846 年）入川、入藏
期间所作札记汇编而成。

　该书对西藏的历史、地理、宗教、政治、戍守多有记
载，如卷三"西藏疆理"、卷五"西藏大蕃僧""西藏僧
俗官名""西藏戍兵"等条，以及卷七、卷八所记，都比
较集中地记述了西藏各方面的情况。同时，由于姚莹曾
经亲自率军抗击英军的入侵，对边疆事务的重要性有深切
的感受，故该书对外国侵略者觊觎中国领土，尤其是对英
国侵略者窥视中国西藏地区，有极大的敏感和深切的忧
虑。其于外国的史地、政治亦多有研究，如"俄罗斯方
域""英吉利""佛兰西""英吉利幅员不过中国一省"[①]诸
条，都反映出作者的这种意识。作者在"外夷留心中国文

①　（清）姚莹著，欧阳跃峰点校：《康輶纪行》，253、314、335、340 页，北京，
　　中华书局，2014。

字"条中，强调了解外国、认识世界的极端重要性。他列举英、法、普、俄以至日本、安南、缅甸、暹罗等国，无不关注外国"情事"；他批评许多士大夫："骄傲自足，轻慢各种蛮夷，不加考究"，"坐井观天，视四裔如魑魅，暗昧无知，怀柔乏术，坐致其侵陵"，"拘迂之见，误天下国家"，"勤于小而忘其大，不亦舛哉！"他清醒地认识到："是彼外夷者方孜孜勤求世务，而中华反茫昧自安，无怪为彼所讪笑轻玩，致启戎心也！"他钦佩林则徐重视对于外国情事的研究："惟林总督行事全与相反，署中尝有善译之人"，又能妥善地从洋商、通事、引水等人那里了解外国情况，购置有关外文书籍，称赞林则徐"知会英吉利国王第二封信"，显示出对世界事务的了解。姚莹在这篇札记末了表示："余于外夷之事，不敢惮烦。今老矣，愿有志君子为中国一雪此言也！"[1]他的这番话，反映了时代的要求。

<hr />

[1] （清）姚莹著，欧阳跃峰点校：《康輶纪行》，325～327页，北京，中华书局，2014。

姚莹还指出，中国人了解世界要兼顾到研究中国历史文献和"外夷"之书。他在"华人著外夷地理书"条中说："自来言地理者，皆详中国而略外夷。"他罗列的自法显《佛国记》以下至魏源《海国图志》等数十种书，都是不可不读的。[①] 他进而指出，了解、研究外域，"非如文人词客徒资博雅、助新奇也。故留心世务者，皆于此矻矻焉"[②]。本书卷十六载图说 13 种，如"中外四海地图说""新疆南北两路图说""新疆西边外各国图说""西藏外各国图说""西人海外诸新图"[③] 等，显示了边疆史地研究者在学风上的特点和时代精神。

张穆（1805—1849），字诵风，一字石州，山西平定人。道光十九年（1839 年），他应顺天乡试时，因冒犯监考被斥，从此遂绝举业，潜心著述。他的文稿由后人编为

① （清）姚莹著，欧阳跃峰点校：《康輶纪行》，250～251 页，北京，中华书局，2014。

② （清）姚莹著，欧阳跃峰点校：《康輶纪行》，118 页，北京，中华书局，2014。

③ （清）姚莹著，欧阳跃峰点校：《康輶纪行》，449～534 页，北京，中华书局，2014。

《月斋文集》,《蒙古游牧记》是其代表作。《蒙古游牧记》以清朝时期蒙古各部及其所属之盟、旗为基础，写出了蒙古作为历代统一王朝的一部分与其的密切关系，尤详于它与清王朝的密切关系。它在表述方法上是由今溯古、由地理而兼及相关史事，反映出作者具有时代感和历史感相结合的特点。出资刊刻《蒙古游牧记》的祁寯藻称赞此书说："海内博学异才之士尝不乏矣，然其著述卓然不朽者厥有二端：陈古义之书，则贵乎实事求是；论今事之书，则贵乎经世致用。二者不可得兼，而张子石州《蒙古游牧记》独能兼之。"他又说："又是之成，读史者得实事之资；临政者收经世致用之益，岂非不朽之盛业哉！"[①] 这对《蒙古游牧记》的评论应当说是中肯的。

何秋涛（1824—1862），字愿船，福建光泽人。道光二十四年（1844年）进士，授刑部主事。他和张穆在学术上的旨趣和关于民族危机感的共识极为相近。何秋涛写

① （清）祁寯藻：《蒙古游牧记·序》，见（清）张穆：《蒙古游牧记》，1～2页，北京，商务印书馆，1939。

出了自己的边疆史地巨著《朔方备乘》。张、何齐名，确
有许多共同之处。何秋涛的边疆史地研究，着眼于中俄边
界问题。在咸丰初年，他"益究经世之务，尝谓俄罗斯地
居北徼，与我朝边卡相近，而诸家论述，未有专书，乃采
官私载籍，为《北徼汇编》六卷。"① 这种"经世之务"的
责任，确是当时民族危机的时代感的反映。何秋涛以"北
徼"为研究的对象，显示出这位青年学子的远见卓识。咸
丰八年（1858 年），他在《北徼汇编》的基础上，扩大撰
述范围，增益为 80 卷，并奉旨"缮写清本，再行进呈"，
定名《朔方备乘》。②

《朔方备乘》的重要价值，是它着重考察了东北、北
方、西北的边疆沿革、攻守形势和中俄关系的历史。作者
在"圣武述略"各卷，阐述了东海诸部、索伦诸部、喀尔
喀、准噶尔、乌梁海、哈萨克"内属"的历史。在此基础

---

① （清）何秋涛撰，（清）黄宗汉辑补：《一镫精舍甲部稿》卷五，清光绪五年淮
　　南书局刻本。
② （清）何秋涛撰，（清）黄宗汉辑补：《朔方备乘》上谕，清光绪七年刻本。

上，作者撰述了《北徼界碑考》《北徼条例考》《北徼喀伦考》《尼布楚城考》《库页附近诸岛考》《北徼山脉考》《艮维诸水考》《乌孙部落考》等篇，以丰富的史实、详明的考据，阐述了中俄边界关系的历史和现状。作者对于自己的这些撰述，有一个明确的认识，就是"边防之事，有备无患"，"哈萨克之外，惟俄罗斯为强国。然则边防所重，盖为以知矣夫"，"西北塞防，乃国家根本"。[①] 统观各篇，字里行间都凝结着作者的忧虑、爱国之情。

　　从研究外国史地到研究本国史地的爱国思潮，可以概括以下四点认识：第一，为了自强御侮，必须"师夷之长技以制夷"，即必须走富国强兵之路。第二，必须知己知彼，了解和认识世界各国的历史和现状，以作出必要的应对之策；"固陋自安""好谈古义"是不识时务的落后表现，应予以批评和谴责。第三，国家边防之安危、民族间之团结和睦，是关系国家稳定的两件大事，姚莹、张穆、

---

① （清）何秋涛撰，（清）黄宗汉辑补：《朔方备乘》卷十一，清光绪七年刻本。

何秋涛的著作均对此深致其意。第四，国家观念、边防观念、民族观念都发生了变化和提升。这些认识，是"良史之忧"的反映，是史学家们站在历史潮流前头发出的呐喊，是中华民族共同体走向自觉的先声。

在救亡图存思潮兴起的同时，中国人民展开了一系列对帝国主义抗争的实际行动。1939 年，毛泽东在《青年运动的方向》一文中对这些抗争及其性质作了总结，他写道：

过去中国革命的经验教训怎么样呢？这也是青年要懂得的一个重要问题。中国反帝反封建的资产阶级民主革命，正规地说起来，是从孙中山先生开始的，已经五十多年了；至于资本主义外国侵略中国，则差不多有了一百年。一百年来，中国的斗争，从鸦片战争反对英国侵略起，后来有太平天国的战争，有甲午战争，有戊戌维新，有义和团运动，有辛亥革命，有五四运动，有北伐战争，有红军战争，这些虽然情形各不相同，但都是为了反抗外敌，或改革现状的。[①]

毛泽东指出，这些斗争中只有十年红军战争取得了局部的革命胜利，其他的斗争都失败了，我们的目的是要取得全国的革命胜利。然而正是因为有"这些虽然情形各不相同，但都是为了反抗外敌，或改革现状的"共同目标，使中华民族共同体意识在实际斗争中越来越明确、越来越牢固了。在中国共产党领导下，建立和发展了抗日民族统一战线，中国人民取得了抗日战争的伟大胜利，中华民族共同体的自觉程度达到新的高度。

中华民族开始走向民族自觉阶段。在从鸦片战争到辛亥革命间 70 余年的历史中，在救亡图存的社会思潮中，中国人民进行了一系列反抗帝国主义的斗争，从思想上、认识上到实际行动上，开始认识到中华民族是一个命运共同体。从 1931 年到 1945 年，在中国共产党领导下建立

---

① 《毛泽东选集》第 2 卷，563 ～ 564 页，北京，人民出版社，1991。

了抗日民族统一战线，全民族抗战获得胜利，使中华民族完成了从自在民族到自觉民族的伟大转变。这一转变是一个渐进的过程，一方面是认识的逐步清晰、明确，另一方面是革命斗争实践的深入发展。有学者从中国近代民族主义的兴起论及中华民族自我意识的觉醒，阐述了"九一八事变后，尤其是华北事变和七七事变后，'中华民族'这一表示中国境内各民族是多元一体的民族共同体之观念被全国各族人民所接受，并得到了广泛使用"的思想发展与历史过程，其文章中引用了《康藏民众代表慰问前线将士书》《蒙回藏族联合慰劳抗战将士代表团告前方将士书》等，一一读来，使人的历史感油然而生。[①] 也有学者以国共合作为中心，考察近代中华民族意识的自觉，其文章在"结语"中写道："近代中华民族的自觉是历史的概念，不应满足于概念史的演进，而需要将之置于近代历史发展过程的大背景下加以考察。1917 年，李大钊发表《新

---

① 郑大华：《中国近代民族主义与中华民族自我意识的觉醒》，载《民族研究》，2013（3）。

中华民族主义》，第一次赋予了'中华民族'概念以现代的意义，是近代中华民族由自在转为自觉的鲜明标志。此后20年间，其自觉渐趋深化。其间，国共合作领导的国民革命，指出了反帝反军阀，实现'中华民族伟大解放'的奋斗目标；九一八国难当头，国共二次合作，建立抗日民族战线，揭出了'中华民族是整个的'——坚定的民族信念，便是其最重要的表征。而此后十余年间，即1938年—1949年，则是实现了自觉的中华民族共同体，在血与火中，迸发出全国抗战之坚强斗志与惊天之伟力，第一次取得了近代反抗外来侵略战争的伟大胜利，奠定了中华民族走向伟大复兴的起点。要言之，近代国人不断追求自身解放的过程，同时即是近代中华民族共同体意识的自觉，不断走向深化的过程。"[①]上述二文，前者着眼于社会，后者着眼于政治，引据真实，论说清晰，有很强的说服力。

这里，我们仅就这一进程中的几个重要节点加以说

[①] 郑师渠：《近代中华民族意识的自觉——以国共合作为中心的考察》，载《北京师范大学学报（社会科学版）》，2021（5）。

明，并重点阐述毛泽东的中华民族观及其与抗日民族统一战线的建立、发展和取得抗日战争伟大胜利的关系。

一是梁启超对于"中华民族"概念的首次提出。1902年，梁启超在《论中国学术思想变迁之大势》一文中写道：

> 立于五洲中之最大洲而为其洲中之最大国者谁乎？我中华也。人口居全地球三分之一者谁乎？我中华也。四千余年之历史未尝一中断者谁乎？我中华也。我中华有四百兆人公用之语言文字，世界莫能及。我中华有三十世纪前传来之古书，世界莫能及。[①]

在20世纪初年，对中国的地理、人口、历史与文化作出如此概括的学者，梁启超外罕有其人。同时，他在讲到先秦学术思想时指出："齐，海国也。上古时代，我中

[①]　梁启超：《饮冰室文集》之七，1页，北京，中华书局，2015。

华民族之有海权思想者，厥惟齐。"①梁启超没有说明他为什么作出这样的论断。当然，他说的"有海权思想"也不可与近代以来的海权思想同日而语。他说的"齐"，当是春秋、战国时代的诸侯国齐国。《史记·齐太公世家》有："太史公曰：吾适齐，自泰山属之琅邪，北被于海，膏壤二千里，其民阔达多匿知，其天性也。以太公之圣，建国本，桓公之盛，修善政，以为诸侯会盟，称伯，不亦宜乎? 洋洋哉，固大国之风也!"②在司马迁笔下，齐是一个依山带海，人民富庶，国力强盛的诸侯国，是否因而吸引梁启超的关注，亦未可知。重要的是，他把"中华"和"民族"联结起来，提出了"中华民族"的概念。"中华"一词古已有之，"民族"当是受近代西方民族主义思想影响而引进之语，二者结合所产生的意义之重大，盖非梁启超所能料到的。在 20 世纪最初的近 20 年中，学术界对

---

① 梁启超：《饮冰室文集》之七，21 页，北京，中华书局，2015。
② （汉）司马迁：《史记》卷三二《齐太公世家》，1513 页，北京，中华书局，1982。

"中华民族"的含义展开了热烈的讨论，论者蜂起，说法各异，虽错综复杂，但总的趋向是积极的。它推进了国人对"民族"理念的重视，尤其是中华民族概念与国内各民族关系的认识。

二是孙中山以国家的名义宣示"中华民族"观念。梁启超提出"中华民族"的概念，引发社会各界热烈讨论，产生了积极影响。1907年，立宪派人士杨度发表《金铁主义说》，认为："中国之在今日世界，汉、满、蒙、回、藏之土地，不可失其一部，汉、满、蒙、回、藏之人民，不可失其一种"，否则，"一有变动，则国亡矣"。[1] 这反映了立宪派的"五族共和""五族平等"的主张。1911年10月，武昌起义爆发后，革命派接受了这一主张。1912年1月1日，孙中山在南京宣誓就任中华民国临时大总统，宣布中华民国临时政府成立。在《临时大总统就职宣言》中，孙中山向海内外明确宣布"五族共和""五族平等"

---

[1]　杨度：《金铁主义说》，见刘晴波主编：《杨度集》，304页，长沙，湖南人民出版社，1986。

的方针："国家之本，在于人民，合汉、满、蒙、回、藏诸地为一国，即合汉、满、蒙、回、藏诸族为一人，是曰民族之统一。"①此后不久颁布的《中华民国临时约法》又将这一观念以国家观念和国家根本大法的形式确立下来。

三是李大钊"新中华民族主义"观念的提出。在关于如何认识"中华民族"的讨论中，李大钊于1917年在《甲寅》日刊的"学说"栏目中发表了《新中华民族主义》一文，署名"守常"。文章写道：

> 吾国历史相沿最久，积亚洲由来之数多民族冶融而成此中华民族，畛域不分、血统全泯也久矣，此实吾民族高远博大之精神有以铸成之也……共和建立之初，尚有五族之称耳。以余观之，五族之文化已渐趋于一致，而又隶于一自由平等共和国体之下，则前之满云、汉云、蒙云、回云、藏云，乃至苗云、瑶云，

---

① 孙中山：《孙中山全集》第2卷，2页，北京，中华书局，1982。

举为历史上残留之名辞，今已早无是界，凡籍隶于中华民国之人，皆为新中华民族矣……民族兴亡，匹夫有责。欧风美雨，咄咄逼人，新中华民族之少年，盖雄飞跃进，以肩兹大任也。[1]

李大钊的"新中华民族主义"理论有两点值得重视：一是认为中国历史上诸多民族经过历史的"冶融"已成为一个统一民族，这是"吾民族高远博大之精神"所铸成的；二是强调"民族兴亡，匹夫有责"。时值第一次世界大战正在进行，而人们对中日甲午战争、八国联军侵华战争记忆犹新，李大钊发此言论，可见他赋予"新中华民族"多么崇高、庄严的含义。有学者认为，这是"近代中华民族由自在转为自觉的鲜明标志"[2]，这是当之无愧的。

尤为重要的，是毛泽东中华民族观与抗日民族统一战

[1]　中国李大钊研究会编注：《李大钊全集（最新注释本）》第 1 卷，285 ～ 286 页，北京，人民出版社，2006。

[2]　参见郑师渠：《中华民族实现由自在转向自觉的鲜明标志——论李大钊的〈新中华民族主义〉》，载《史学史研究》，2020（4）。

线的建立及其伟大胜利。毛泽东中华民族观，是指毛泽东对中华民族的认识与论述，以及这一认识与论述在实际运用中的伟大作用及理论提升。1935 年，在日本帝国主义加紧侵华战争的严峻形势下，中国共产党提出建立抗日民族统一战线的策略方针。12 月 27 日，毛泽东在《论反对日本帝国主义的策略》一文中明确指出："建立广泛的民族革命统一战线。"① 此后，他在《中国革命和中国共产党》这篇重要历史文献中概括了中华民族的特质，即中华民族是历史悠久、文明发达、刻苦耐劳、酷爱自由、富于革命传统、拥有优秀历史遗产的伟大民族。

　　毛泽东中华民族观具有重大的历史意义。第一，毛泽东中华民族观是抗日民族统一战线的理论支撑。在抗日战争时期，毛泽东始终致力于以他的不断丰富的中华民族观阐释抗日民族统一战线的必要性、可行性和必胜的信心。毛泽东中华民族观从根本上反映了中华民族的利益和追

① 《毛泽东选集》第 1 卷，152 页，北京，人民出版社，1991。

求，这是全民族抗战取得胜利的基本保证。

毛泽东中华民族观因其丰富的内涵和深厚的根基以及鲜明的理论特点，最全面、最深刻地阐明了中华民族共同体的现实存在及其基本利益和历史使命，赋予"中华民族"这一概念与实体以新的认识高度，极大地提升了中国人民对中华民族共同体的认识，丰富了当代中国各族人民的中华民族观，也极大地推动了新中国成立后各项事业的发展。

六、中华民族迈向伟大复兴的新时代（新中国成立至今）

1949 年 10 月 1 日，首都北京 30 万军民集会于天安门广场举行开国大典，毛泽东庄严宣布："中华人民共和国中央人民政府已于本日成立了。"[①]这是中国历史的新纪元，

---

① 《首都三十万人齐集天安门广场隆重举行庆祝典礼　中华人民共和国中央人民政府成立　毛泽东主席宣读中央人民政府公告　朱德总司令检阅海陆空军宣读人民解放军总部命令》，载《人民日报》，1949-10-02。

是中华民族迈向伟大复兴的光辉起点。20 世纪 50 年代，新中国百废待兴。毛泽东、周恩来高度关注民族工作，一方面是全国各民族加强团结的工作，另一方面是全国各民族地区的经济改革工作。

1952 年，毛泽东在接见西藏致敬团时说："你们来了，我很高兴。最近你们可以到南京、上海、天津、广州、东北等地去参观。以后西藏僧俗各界如果能够有更多的人到内地各处参观，便可以加强我们中国各民族之间的团结友爱的关系。"① 毛泽东的这些话是对藏族人民说的，也是对全国其他各少数民族说的。1956 年，毛泽东发表《论十大关系》，其中第六章《汉族和少数民族的关系》指出："各个少数民族对中国的历史都作过贡献。汉族人口多，也是长时期内许多民族混血形成的。""我们要诚心诚意地积极帮助少数民族发展经济建设和文化建设。""我们必须搞好汉族和少数民族的关系，巩固各民族的团结，来共同

---

① 《毛泽东文集》第 6 卷，240 页，北京，人民出版社，1999。

努力于建设伟大的社会主义祖国。"① 毛泽东一再强调，全国各民族的团结问题，本质上是在社会主义条件下，加强中华民族共同体建设问题，意义重大。

1957 年，周恩来在全国人民代表大会民族委员会召开的民族工作座谈会上发表重要讲话，就当时我国民族政策的几个问题作了详细的阐述，其中，"关于民族繁荣和社会改革的问题"，周恩来指出：

> 我们新中国就是要帮助各民族发展，这就必须实行一个根本性的措施，就是进行社会改革。社会改革是我们中国各民族的共同性的问题。汉族也要经过改革才能够发展。我们所说的社会改革，最根本的是经济改革。为什么要改革？因为要建设社会主义，要人民生活富裕起来。要富裕就要有工业，一个民族没有工业不可能富裕起来。因此，我们中国要工业化，没

---

① 《毛泽东文集》第 7 卷，33～34 页，北京，人民出版社，1999。

有工业化，就不可能使生产发展。而要工业化，就得
首先在农业上实行改革，把农业上的封建制度、奴隶
制度废除。农民得到了解放，才能够使农业经济得到
发展，才能有工业发展的基础。农业能够大量增产，
才可能积累资金，才可能供给工业原料，才可能解放
劳动力参加工业生产。只有建立起工业基地来，这个
民族才有发展的基础。所以每个民族都不可避免地要
经过经济改革。①

　　周恩来用最通俗的语言阐明了政治经济学的有关理论
问题，阐明了社会改革是中华民族发展的基础，显示出政
治家的魅力和魄力。

　　在中国共产党的领导下，全国各族人民团结一致，进
行社会改革，完成社会主义革命，消灭一切剥削制度，实
现了中华民族有史以来最为广泛而深刻的社会变革，实现

---

① 《周恩来选集》下卷，264页，北京，人民出版社，1984。

了一穷二白、人口众多的东方大国迈进社会主义社会的伟大飞跃。新中国的社会主义制度得以建立、发展和巩固，中华民族共同体建设得到进一步发展。

社会主义革命和社会主义建设是全新的事业。"在探索过程中，虽然经历了严重曲折，但党在社会主义革命和建设中取得的独创性理论成果和巨大成就，为在新的历史时期开创中国特色社会主义提供了宝贵经验、理论准备、物质基础。"[1]1978 年 12 月，中共第十一届三中全会胜利召开，确立了以经济建设为中心的理论、路线、方针、政策，我国进入中国特色社会主义建设新时期。这是中华民族复兴之路上的又一里程碑。邓小平在 1990 年指出：

> 党的十一届三中全会以后，我们集中力量搞四个现代化，着眼于振兴中华民族。没有四个现代化，中国在世界上就没有应有的地位。我们搞的四个现代

---

[1]　习近平：《在庆祝改革开放 40 周年大会上的讲话》，5 页，北京，人民出版社，2018。

化，是社会主义的四个现代化。只有社会主义，才能
有凝聚力，才能解决大家的困难，才能避免两极分
化，逐步实现共同富裕。

…………

经过四十年的发展，特别是经过最近十年的发
展，我们的实力增强了，中国是垮不了的，而且还要
更加发展起来。这是民族的要求，人民的要求，时代
的要求。[1]

在建设四个现代化伟大的征程中，中国各族人民在毛
泽东思想、邓小平理论、"三个代表"重要思想、科学发
展观、习近平新时代中国特色社会主义思想指引下，劈波
斩浪，奋力前行，取得了改革开放，强国建设和民族复兴
的伟大成就。

邓小平理论吹响了中国改革开放的号角，奠定了建设

---

[1] 《邓小平文选》第 3 卷，357 页，北京，人民出版社，1993。

有中国特色社会主义的理论基础。邓小平指出：

  我们的现代化建设，必须从中国的实际出发。无论是革命还是建设，都要注意学习和借鉴外国经验。但是，照抄照搬别国经验、别国模式，从来不能得到成功。这方面我们有过不少教训。把马克思主义的普遍真理同我国的具体实际结合起来，走自己的道路，建设有中国特色的社会主义，这就是我们总结长期历史经验得出的基本结论。

  ·············

  我们一定要兢兢业业地做好自己的工作，加强同全国各族人民的团结，加强同全世界人民的团结，为把我国建设成为现代化的，高度文明、高度民主的社会主义国家，为反对霸权主义，维护世界和平，推进人类进步事业，而努力奋斗。[①]

---

① 《邓小平文选》第3卷，2～4页，北京，人民出版社，1993。

化的前进方向，代表着中国最广大人民的根本利益，并通过制定正确的路线方针政策，为实现国家和人民的根本利益而不懈奋斗。人类又来到一个新的世纪之交和新的千年之交。在新的历史条件下，我们党如何更好地做到这"三个代表"，是一个需要全党同志特别是党的高级干部深刻思考的重大课题。[①]

"三个代表"重要思想从生产力、文化建设、代表着中国最广大人民的根本利益三个方面阐明了中国共产党的先进性及其为了全民族的利益的立党宗旨。"三个代表"重要思想，把发展先进生产力、发展先进文化同满足人民日益增长的物质文化需求结合的理论概括，深刻地阐明了社会主义制度下的物质文明、精神文明建设旨在满足人民需求这一根本点上。

中国是伟大的国家，改革开放是伟大的事业。在一个

---

① 《江泽民文选》第3卷，2页，北京，人民出版社，2006。

伟大的国家实施伟大的改革开放，必定会遇到新的问题，需要有新的理论和新的实践来解决这些问题，推动改革开放事业继续前进。在总结二十多年改革开放的基础上，2003 年 10 月，胡锦涛在党的十六届三中全会第二次全体会议上的讲话中，发出"树立和落实科学发展观"的重要指示。他指出：

> 树立和落实全面发展、协调发展、可持续发展的科学发展观，对于我们更好坚持发展才是硬道理的战略思想具有重大意义。树立和落实科学发展观，这是二十多年改革开放实践的经验总结，是战胜非典疫情给我们的重要启示，也是推进全面建设小康社会的迫切要求。[1]

全面发展、协调发展、可持续发展，这是科学发展观

---

[1] 《胡锦涛文选》第 2 卷，104 页，北京，人民出版社，2016。

的战略思想。就具体领域和部门来说，包括要使经济更加发展、民主更加健全、科教更加进步、文化更加繁荣、社会更加和谐、人民生活更加殷实。要全面实现这个目标，必须促进社会主义物质文明、政治文明、精神文明协调发展，坚持在经济发展的基础上促进社会全面进步和人的全面发展，坚持在开发利用自然中实现人与自然的和谐相处，实现经济社会可持续发展。这是全面建设小康社会的目标。这样一幅改革开放的图景，从更加广泛的基础上，展现了中华民族的自觉、自信达到了一个更高的阶段。这表明：中国人民在创造历史，而历史也给中国人民以启示和信心。由此，我们可以更深刻地理解科学发展观的重大意义。

习近平总书记深刻总结了从 1978 年到 2018 年 40 年的改革开放历史进程所取得的伟大成就和历史经验，明确提出"九个坚持"，并指出：

前进道路上，我们要增强战略思维、辩证思维、创新思维、法治思维、底线思维，加强宏观思考和顶层设计，坚持问题导向，聚焦我国发展面临的突出矛盾和问题，深入调查研究，鼓励基层大胆探索，坚持改革决策和立法决策相衔接，不断提高改革决策的科学性。我们要拿出抓铁有痕、踏石留印的韧劲，以钉钉子精神抓好落实，确保各项重大改革举措落到实处。我们既要敢为天下先、敢闯敢试，又要积极稳妥、蹄疾步稳，把改革发展稳定统一起来，坚持方向不变、道路不偏、力度不减，推动新时代改革开放走得更稳、走得更远。①

这既是对改革开放和社会主义现代化建设历史经验的总结，也是对中国特色社会主义建设进入新时代的施政纲领的深入阐述，是一篇极其重要的历史文献。

党的十八大以来，习近平总书记多次论述中华民族走

---

① 《习近平著作选读》第2卷，230～231页，北京，人民出版社，2023。

向伟大复兴的问题，把实现中华民族伟大复兴看作中国共产党的"重大责任"。2012 年 11 月 15 日，习近平总书记在中国共产党第十八届中央政治局常委同中外记者见面时的讲话指出：

　　全党同志的重托，全国各族人民的期望，是对我们做好工作的巨大鼓舞，也是我们肩上的重大责任。

　　这个重大责任，就是对民族的责任。我们的民族是伟大的民族。在五千多年的文明发展历程中，中华民族为人类文明进步作出了不可磨灭的贡献。近代以后，我们的民族历经磨难，中华民族到了最危险的时候。自那时以来，为了实现中华民族伟大复兴，无数仁人志士奋起抗争，但一次又一次地失败了。中国共产党成立后，团结带领人民前仆后继、顽强奋斗，把贫穷落后的旧中国变成日益走向繁荣富强的新中国，中华民族伟大复兴展现出前所未有的光明前景。我们的责任，就是要团结带领全党全国各族人民，接过历史的接力棒，继续为实现中华民族伟大复兴而努力奋斗，使中华民族更加坚强有力地自立于世界民族之林，为人类作出新的更大的贡献。①

同月，习近平总书记在参观《复兴之路》展览时，发表了重要讲话："《复兴之路》这个展览，回顾了中华民族的昨天，展示了中华民族的今天，宣示了中华民族的明天，给人以深刻教育和启示。"他接着概括说："中华民族的昨天，可以说是'雄关漫道真如铁'。""中华民族的今天，正可谓'人间正道是沧桑'。""中华民族的明天，可以说是'长风破浪会有时'。"②他一连引用了三个诗句，概括了中华民族的昨天、今天和明天，使人们把历史感、现实感和历史前途连接起来，得到深刻的启示和坚定的信心。习近平总书记还指出："经过鸦片战争以来一百七十多年的持续奋斗，中华民族伟大复兴展现出光明的前景。现

---

① 《习近平著作选读》第 1 卷，59 ～ 60 页，北京，人民出版社，2023。
② 《习近平著作选读》第 1 卷，62 页，北京，人民出版社，2023。

在，我们比历史上任何时期都更接近中华民族伟大复兴的目标，比历史上任何时期都更有信心、有能力实现这个目标。"①

习近平总书记的这两篇重要讲话，鼓舞全国各族人民以更高的自觉、更强的自信和无比的勇气来认识和实现中华民族伟大复兴这一光辉的事业，必将由此转化为巨大的力量。从这个意义来看，这两篇重要讲话当是中华民族自觉、自信、自强迈向伟大复兴光辉历程的又一座新的里程碑。

在习近平新时代中国特色社会主义思想指引下，中国特色社会主义建设进入新时代，中华民族迈向伟大复兴成为时代的最强音，成为 14 亿中华儿女奋斗的目标。习近平总书记在党的十九大报告开篇指出：

大会的主题是：不忘初心，牢记使命，高举中国

① 《习近平著作选读》第 1 卷，62 ～ 63 页，北京，人民出版社，2023。

特色社会主义伟大旗帜，决胜全面建成小康社会，夺取新时代中国特色社会主义伟大胜利，为实现中华民族伟大复兴的中国梦不懈奋斗。[①]

显然，实现中华民族伟大复兴的议题已成为党的核心工作的重要议事日程。习近平总书记在党的二十大报告中进一步指出："我们对新时代党和国家事业发展作出科学完整的战略部署，提出实现中华民族伟大复兴的中国梦，以中国式现代化推进中华民族伟大复兴。"[②] 这就是说，中华民族迈向伟大复兴的光辉大道，就是中国式现代化这一辉煌之路。中国式现代化是中国共产党领导中国特色社会主义建设事业的伟大创造，它既符合本国国情，又是对世界现代化进程的贡献。它的本质要求是："坚持中国共产党领导，坚持中国特色社会主义，实现高质量发展，发展全过程人民民主，丰富人民精神世界，实现全体人民共同富

① 《习近平著作选读》第2卷，1页，北京，人民出版社，2023。
② 《习近平著作选读》第1卷，6页，北京，人民出版社，2023。

裕，促进人与自然和谐共生，推动构建人类命运共同体，创造人类文明新形态。"[1] 中华民族伟大复兴就是在这样一个奋斗中逐步实现的，梦想与奋斗与之相始终。

中华民族伟大复兴是光荣而艰巨的事业，中国共产党带领全国各族人民为之奋斗百年，才有今天如此光明的前景。为了实现这个前景，全国各族人民在党的领导下，一方面要继续艰苦奋斗，战胜一切艰难险阻；另一方面要进一步团结一致、同心同德，不断巩固、坚定为这一伟大事业而共同奋斗的思想基础。这个思想基础就是习近平总书记提出的"铸牢中华民族共同体意识"。2021年8月27日，习近平总书记在中央民族工作会议上的讲话，提出了党中央关于民族工作的总方针，其中强调指出：

必须以铸牢中华民族共同体意识为新时代党的民族工作的主线。中华民族共同体意识是民族团结之

① 《习近平著作选读》第1卷，20页，北京，人民出版社，2023。

本。要推动各民族树立正确的国家观、历史观、民族观、文化观、宗教观，增强国家意识、公民意识、法治意识，坚定对伟大祖国、中华民族、中华文化、中国共产党、中国特色社会主义的高度认同，不断推进中华民族共同体建设。①

在其他一些会议上，习近平总书记也多次强调"铸牢中华民族共同体意识"的重要性。为什么这一论断如此重要？从历史和现实相结合的认识来看，这一论断是历史的结论，又是当代中国的重大国是。

第一，中华民族共同体是在中国历史进程中逐步形成的。中国自秦汉以后成为不断发展的统一的多民族国家，由于政治、地理等原因，统一后又产生分裂。在分分合合当中，各民族在交往交流交融中也逐步融合成为民族共同体，"华夏""中华"也逐渐成为民族共同体的称谓。当中

---

① 《习近平著作选读》第 2 卷，508 页，北京，人民出版社，2023。

国历史走向稳固的大一统之时，一个最大规模的民族共同体也同时形成，这就是中华民族共同体。当然，在漫长的古代时期，中华民族是一个自在的民族共同体。近代以后，因受到帝国主义的侵略、压迫，在生死存亡的空前劫难面前，中华民族为救亡图存而觉醒起来，成为一个自觉的民族共同体。1921 年以后，在中国共产党领导下，中华民族从寻求解放、致力复兴，一直走到今天，迈向伟大的复兴。这个历史，中华民族不能忘记，子子孙孙不应忘记。

第二，中华民族在中国共产党领导下，经过百年的奋斗，从站起来富起来到强起来，发生了翻天覆地的变化，但距离建成社会主义现代化强国，实现中华民族伟大复兴，还有一段很长的路要走。所谓行百里者半九十，面对国内各行各业高质量发展的压力，面对复杂多变的国际形势，以中国式现代化推进中华民族伟大复兴还面临种种挑战，进一步巩固民族团结，"铸牢中华民族共同体意识"，自是关乎全局的一项重要举措。

第三，"铸牢"工作重在务实，既不可一日放松，亦不望一日成功，必须绵绵用力，久久为功。这是民族长久之计，也是国家长久之计。一代人有一代人的天职和责任，一代人接着一代人地坚持做下去，让我们伟大的中华民族永葆青春活力。

党的十八大以来，中华民族的自觉程度达到前所未有的高度，这表现在以下四个方面。

第一，从民族意识看。习近平总书记多次提出"铸牢中华民族共同体意识"，从理论上看，这是马克思主义民族化时代化的重要成果，反映了中华民族的丰富内涵和历史规律，从政治上看，这是当代中国的重大国是。这是因为：

"铸牢中华民族共同体意识"揭示了中华民族共同体的丰富的历史内涵，从诸华、诸夏到华夏，从华夏到中华，从中华到中华民族，贯穿了中华民族共同体形成、发展的历史。认识这一发展过程，是认识中华民族的基本要求。

　　"铸牢中华民族共同体意识"揭示了"民族共同体意识"的重要性。行为是意识的表现，一个人如此，一个民族如此，一个国家如此。在我国社会主义事业一日千里发展的新时代，在建设社会主义现代化国家的新的征程中，在中华民族充满信心走向伟大复兴的目标时，中华民族共同体意识是做好各项事业的思想基础。

　　"铸牢中华民族共同体意识"强调"铸牢"这一关键词。近代以来，中华民族共同体意识逐渐萌生，从自在走向自觉，并经历了革命、建设、改革开放的洗礼，植根于广袤的中华大地。铸牢，要按照新时代的要求，进一步丰富中华民族共同体意识的内涵，使这一共同体意识既具有深刻的历史底蕴，又凸显出鲜明的时代要求。习近平总书记的一系列相关论述，为我们在新时代提升中华民族共同体意识指明了方向，我们有责任在这方面作出努力和应有的贡献。铸牢，需要创造性地做好多方面的工作，学术工作、理论工作和实际工作者都有发挥作用的广阔空间。只要"铸牢"落到实处，中华民族共同体意识就能不断提升。

习近平总书记指出："我们辽阔的疆域是各民族共同开发的"，"我们悠久的历史是各民族共同书写的"，"我们灿烂的文化是各民族共同创造的"，"我们伟大的精神是各民族共同培育的"。"一部中国史，就是一部各民族交融汇聚成多元一体中华民族的历史，就是各民族共同缔造、发展、巩固统一的伟大祖国的历史。"[①] 这些精辟论述，深刻地揭示了"中华民族共同体"的伟大形象，丰富了我们对"铸牢中华民族共同体意识"的理解和情怀。

第二，从历史进程看。中国式现代化的发展，必将使中华民族整体的民族素质提升到现代文明的水平。习近平总书记指出：

> 中国式现代化是物质文明和精神文明相协调的现代化。物质富足、精神富有是社会主义现代化的根本

[①] 习近平：《在全国民族团结进步表彰大会上的讲话》，4～7页，北京，人民出版社，2019。

要求。物质贫困不是社会主义，精神贫乏也不是社会主义。我们不断厚植现代化的物质基础，不断夯实人民幸福生活的物质条件，同时大力发展社会主义先进文化，加强理想信念教育，传承中华文明，促进物的全面丰富和人的全面发展。[①]

显然，"物的全面丰富和人的全面发展"，这表明中华民族是以现代文明立足于世界民族之林的伟大民族。可以认为，把古代中华文明推向现代中华文明，这是中国式现代化的历史性的重大贡献。

第三，从文化形态看。2023年6月，习近平总书记《在文化传承发展座谈会上的讲话》中讲到"深刻理解'两个结合'的重大意义"时指出：

在五千多年中华文明深厚基础上开辟和发展中国

[①] 《习近平著作选读》第1卷，19页，北京，人民出版社，2023。

特色社会主义，把马克思主义基本原理同中国具体实际、同中华优秀传统文化相结合是必由之路。这是我们在探索中国特色社会主义道路中得出的规律性认识。我们一直强调把马克思主义基本原理同中国具体实际相结合，现在我们又明确提出"第二个结合"。我说过，如果没有中华五千年文明，哪里有什么中国特色？如果不是中国特色，哪有我们今天这么成功的中国特色社会主义道路？只有立足波澜壮阔的中华五千多年文明史，才能真正理解中国道路的历史必然、文化内涵与独特优势。①

根据这一规律性认识，我们可以看到马克思主义基本原理和中华优秀传统文化之间，由"契合"而"结合"，"结合"的"结果"是"互相成就"："一方面，马克思主义把先进的思想理论带到中国，以真理之光激活了中华文明的

① 习近平：《在文化传承发展座谈会上的讲话》，5 页，北京，人民出版社，2023。

基因，引领中国走进现代世界，推动了中华文明的生命更新和现代转型……另一方面，中华优秀传统文化充实了马克思主义的文化生命，推动马克思主义不断实现中国化时代化的新飞跃，显示出日益鲜明的中国风格与中国气派，中国化马克思主义成为中华文化和中国精神的时代精华。'第二个结合'让马克思主义成为中国的，中华优秀传统文化成为现代的，让经由'结合'而形成的新文化成为中国式现代化的文化形态。"① 这一文化形态的呈现，是中华民族自觉发展所达到的新时代新高度。

第四，从人类命运看。自党的十八大以来，习近平总书记多次讲到"人类命运共同体"的理念，显示出中国领导人和中华民族十分关注世界历史的发展和全人类前途命运发展的前景，反映了中华民族具有突出的和平性。习近平总书记指出：

---

① 习近平：《在文化传承发展座谈会上的讲话》，6 页，北京，人民出版社，2023。

　　和平、和睦、和谐是中华文明五千多年来一直传承的理念，主张以道德秩序构造一个群己合一的世界，在人己关系中以他人为重。倡导交通成和，反对隔绝闭塞；倡导共生并进，反对强人从己；倡导保合太和，反对丛林法则。中华文明的和平性，从根本上决定了中国始终是世界和平的建设者、全球发展的贡献者、国际秩序的维护者，决定了中国不断追求文明交流互鉴而不搞文化霸权，决定了中国不会把自己的价值观念与政治体制强加于人，决定了中国坚持合作、不搞对抗，决不搞"党同伐异"的小圈子。①

习近平总书记深刻而全面地总结了中华民族固有的和平性，并把它运用于国与国的关系以至中国与世界的关系，凸显了中国善待外国的外交政策，中华民族善待全世界各民族历史命运的高度关切，故一再倡导"人类命运共同

① 习近平：《在文化传承发展座谈会上的讲话》，4 页，北京，人民出版社，2023。

体"的理念。正是基于中华文明的这一深厚的积淀和习近平总书记作为大国领导人的宽阔胸怀，他明确地提出了"构建人类命运共同体"的理念。他在党的十九大报告中郑重指出：

> 坚持推动构建人类命运共同体。中国人民的梦想同各国人民的梦想息息相通，实现中国梦离不开和平的国际环境和稳定的国际秩序。必须统筹国内国际两个大局，始终不渝走和平发展道路、奉行互利共赢的开放战略，坚持正确义利观，树立共同、综合、合作、可持续的新安全观，谋求开放创新、包容互惠的发展前景，促进和而不同、兼收并蓄的文明交流，构筑尊崇自然、绿色发展的生态体系，始终做世界和平的建设者、全球发展的贡献者、国际秩序的维护者。[1]

---

[1] 《习近平著作选读》第2卷，21页，北京，人民出版社，2023。

以上这些论述，充分反映了中华民族对人类之命运的深切关怀，对世界之前途的高瞻远瞩，对自身之重大责任的担当，彰显出中华文明"厚德载物"①之包容性的宏廓、和平性的真诚。为了让世界深入认识"构建人类命运共同体"这一理念，习近平总书记陆续提出"全球发展倡议""全球安全倡议""全球文明倡议"，受到许多国家领导人和人民的欢迎。在党的二十大报告中，习近平总书记在讲到"构建人类命运共同体是世界各国人民前途所在"时，作了这样的论述：

中国坚持对话协商，推动建设一个持久和平的世界；坚持共建共享，推动建设一个普遍安全的世界；坚持合作共赢，推动建设一个共同繁荣的世界；坚持交流互鉴，推动建设一个开放包容的世界；坚持绿色

---

① （清）阮元校刻：《十三经注疏·周易正义》卷一《坤》，32 页，北京，中华书局，2009。

低碳，推动建设一个清洁美丽的世界。①

这是中华民族对世界的承诺和担当，同时，这也表明：中华民族从站起来到富起来，再到强起来，已不仅仅是"自立于世界民族之林"，而要在"世界民族之林"中发挥引领前行的伟大作用。

1840 年以来的 180 余年的历史，中华民族从思想上和行动上奋起反抗，为救亡图存、振兴中华，进行了不懈的斗争，终于在中国共产党的领导下，打败了外国侵略者，推翻"三座大山"，建立了新中国，取得社会主义革命和建设的伟大成就和改革开放的伟大成就，中国历史迈入强国建设和民族复兴的新时代。中华民族自觉发展一浪高过一浪，铸牢中华民族共同体意识已成为新时代的主旋律，成为中华民族迈向伟大复兴的实际行动。习近平总书记在党的二十大报告中发出这样的号召：

① 《习近平著作选读》第 1 卷，51 页，北京，人民出版社，2023。

党用伟大奋斗创造了百年伟业，也一定能用新的伟大奋斗创造新的伟业。全党全军全国各族人民要紧密团结在党中央周围，牢记空谈误国、实干兴邦，坚定信心、同心同德，埋头苦干、奋勇前进，为全面建设社会主义现代化国家、全面推进中华民族伟大复兴而团结奋斗！①

七、简短的结论

当我们简要地回溯了中华民族的形成、发展、壮大和巩固、从自在发展走向自觉发展阶段、迈向伟大复兴的新时代的历史后，可以得到如下几点理论上的认识：

第一，中华民族的历史是中国各民族共同创造的。从武王伐纣时的庸、蜀、羌、髳、微、卢、彭、濮到春秋战国时期的夷、蛮、戎、狄，从西汉时期的匈奴到西

---

① 《习近平著作选读》第 1 卷，58 页，北京，人民出版社，2023。

域各族，从十六国北朝时期的匈奴、鲜卑、羯、氐、羌等族，到隋唐时期的突厥、回纥以及经济重心南移后的南方各族，从辽宋夏金时期的契丹、党项、女真等族到元、明、清时期的蒙古、满、回、藏等族，都对中华民族的发展作出了贡献。其间，汉族的发展也是因有其他民族参与、融入而不断进步的。汉族人口多，原本是由许多少数民族混血形成的，故汉族的贡献也包含了许多少数民族的贡献。一言以蔽之，中华民族的历史，是中国各民族共同创造的历史。当我们重温历史记载的"胡、越一家，自古未之有也"[①]，"万里绝域，一德同心，求之古今，所未闻也"[②]，"虽云华夷，欢若亲戚"[③]，"万邦述职，无隔华夷"[④]，"华夷志同，笙镛礼盛"[⑤]，"天

① （后晋）刘昫等：《旧唐书》卷一《高祖纪》，18 页，北京，中华书局，1975。
② （宋）宋敏求编：《唐大诏令集》卷一二八，690 页，北京，中华书局，2008。
③ （宋）宋敏求编：《唐大诏令集》卷一二八，692 页，北京，中华书局，2008。
④ （宋）宋敏求编：《唐大诏令集》卷一二九，695 页，北京，中华书局，2008。
⑤ （后晋）刘昫等：《旧唐书》卷三十《音乐三》，1098 页，北京，中华书局，1975。

地之际既交，华夷之情允洽"[①]，"天地交泰，华夷辑睦"[②]等话语及思想时，禁不住激起这样一种历史情怀："伟哉，中华民族！"真可谓自强不息、厚德载物、命运与共而成就世界伟业。

第二，正确认识中华民族史，有必要认清中华民族关系史的主流。在古代民族关系史上，有和好的一面，也有冲突的一面，对于什么是主流，要有明确认识。如著名学者白寿彝所言，这就是：

> 几千年的历史证明：尽管民族之间好一段、歹一段，但总而言之，是许多民族共同创造了我们的历史，各民族共同努力，不断地把中国历史推向前进。我看这是主流。这一点是谁都不能否认的。当然，历史发展是波浪式前进、螺旋式前进，有重复、有倒退，不可能是直线上升的，总会有曲折、有反复，这

[①]（唐）房玄龄等：《晋书》卷六《元帝纪》，147页，北京，中华书局，1974。
[②]（后晋）刘昫等：《旧唐书》卷三一《音乐四》，1131页，北京，中华书局，1975。

是历史发展的规律。但总的讲，我们各民族的共同活动，促进了中国历史的发展。[①]

认清了这个主流，便不会因历史上这样那样的记载而困惑，树立正确的中华民族历史观。

第三，正确认识中华民族史，要把中华民族的形成、发展同考察中国历史上分裂与统一的历史形势联系起来分析，揭示其中存在的规律性因素。在中国古代，因统治阶级对权力和利益的贪婪而引发战争，导致社会动乱，并往往把一些民族卷入其中，造成大规模的民族迁移，带来苦难，这是一方面。另一方面，民族迁移促成了民族间的交往交流交融。当全国出现统一的政治局面时，这种交往交流交融所获得的成果则可得到巩固和进一步提升，这是历史在付出了一定的代价之后而获得的进步。这种情况在春

① 白寿彝：《关于中国民族关系史上的几个问题——在中国民族关系史座谈会上的讲话》，载《北京师范大学学报（社会科学版）》，1981（6）。

秋战国至秦汉时期、魏晋南北朝至隋唐时期、辽宋夏金至元明清时期都呈现得十分清楚，可以说是一种规律性现象。这样看待中华民族形成、发展的历史，可以更清晰地认识到中华民族的历史是中国各民族共同创造的。20世纪20年代以来的100年，中华民族在中国共产党领导下，打败侵略者，推翻三座大山，建立新中国，走中国特色社会主义道路，中华民族从站起来到富起来再到强起来的百年史，进一步证明中华民族史就是中华民族团结奋斗创造的历史。

第四，正确认识中华民族史，要认识到中华文化是滋养中华民族生长、壮大的养料。在中国历史上，先秦诸子（尤其是儒家学说）、汉唐文化、修史传统等思想文化成果，是中华文化的一些重要方面，是中华民族在社会实践中创造和积累起来的文化遗产和文化传统。这些属于意识形态的东西在被创造出来后形成相对独立的形态，就会反过来影响历史进程、社会发展和人们的心理。恩格斯这样说过："物质存在方式虽然是始因，但是这并不排斥思想领域也反过来对物质存在方式起作用，然而是第二性的作用。"[①] 在中华民族发展史上，上自十六国时期各国办学校、兴教育、学习儒家经典以及北魏孝文帝的诸多改革措施，下至辽夏金元清等王朝统治者对中原历史文化典籍的重视和学习，继承和发扬，都充分反映出中华文化在中华民族发展、壮大中对"物质存在方式"的巨大反作用。唯其如此，我们才可以十分自信地说：中华文化是中华民族的精神家园，对不断巩固中华民族共同体思想基础具有重大意义。

第五，正确认识中华民族史，要认识到中华民族在反抗殖民主义、帝国主义侵略的斗争中，从自在发展的民族成长为自觉发展的民族。19 世纪 40 年代以来，在百余年的历史中，由于殖民主义、帝国主义的入侵，我国沦为半殖民地半封建社会。中华民族为救亡图存，奋起反抗斗

[①] 《马克思恩格斯选集》第 4 卷，598 页，北京，人民出版社，2012。

争，在同生死、共命运的斗争中，不断巩固、壮大了中华民族共同体，成为从自在发展走向自觉发展的民族，并在中国共产党的领导下，打败侵略者，建立新中国。中华民族从此走向创造新的历史的新阶段。

第六，正确认识中华民族史的一个重要节点是：1949年10月中华人民共和国的成立，标志着中华民族走向复兴的起点。自20世纪50年代起，中国进行了社会主义革命和建设，社会发生了深刻变化。1978年12月，党的十一届三中全会开启了改革开放和社会主义现代化建设的历史进程，中华民族进入建设中国特色社会主义的新时期，取得了空前的成就。党的十八大以来，在以习近平同志为核心的党中央的坚强领导下，中国各族人民进入强国建设、民族复兴的新时代，以中国式现代化全面推进中华民族迈向伟大复兴的光辉前景。

第四讲

深刻理解中华文明突出的连续性[*]

　　泱泱中华，历史悠久，文明博大。习近平总书记在文化传承发展座谈会上高屋建瓴地概括了中华文明的突出特性，其中排在首位的是突出的连续性。习近平总书记指出："中华文明的连续性，从根本上决定了中华民族必然走自己的路。如果不从源远流长的历史连续性来认识中国，就不可能理解古代中国，也不可能理解现代中国，更不可能理解未来中国。"^① 这一重要论断为我们树立正确的

＊　本文原刊于《人民日报》2023 年 7 月 18 日。

①　习近平：《在文化传承发展座谈会上的讲话》，2～3 页，北京，人民出版社，2023。

中华民族历史观，把古代中国、现代中国、未来中国贯通起来，在新的历史起点上建设中华民族现代文明指明了前进方向，提供了根本遵循。

一、中华文明突出的连续性体现在多个方面

古老的中华文明与古代埃及文明、两河文明、印度文明并称为历史最悠久的世界四大文明。但埃及、两河、印度三个地方的古代文明后来因种种原因由盛而衰、最终消亡，唯有中华文明五千多年来一脉相承、从未中断，一直延续到今天。相比较而言，中华文明突出的连续性堪称世界文明史上的一大奇观，为世界文明发展作出了巨大贡献。关于中华文明突出的连续性，可以从不同方面深化认识，其中以下几点至为重要。

第一，在中华文明发展史上，自夏、商、周以下至清朝，政治实体衔接有序，均未因外力打击而中断，后一个朝代都自称是前一个朝代的继承者，都强调前朝何以失天

下、本朝何以得天下，这实际上都是在强调本朝和前朝的联系。这种种联系的叠加，成为一个一脉相承的政治谱系。即使在十六国时期、南北朝时期以及五代十国时期，许多割据政权仍沿用此前出现的朝代名称，可见一脉相承的连续性意识根深蒂固。清朝后期是中国古代史与中国近现代史的连接点，辛亥革命推翻了清朝的统治，结束了在中国延续几千年的君主专制制度，在中华大地上建立起亚洲第一个共和制国家。中国共产党团结带领中国人民推翻帝国主义、封建主义、官僚资本主义三座大山，建立了人民当家作主的中华人民共和国，开启了中华民族发展进步的历史新纪元。五千多年的中华文明史虽历尽艰辛磨难，但政治发展脉络清晰可循，文明传统历久弥新，具有突出的连续性。

第二，在中华文明发展史上，中华文化传统从未中断。春秋战国时期，古代中国涌现出老子、孔子、庄子、孟子、墨子、孙子、韩非子等闻名于世的伟大思想巨匠，他们提出的思想主张、价值观念塑造了中华文化传统，对于后世的政治理念、人生哲学、社会伦理等产生了深远的历史影响。这些伟大思想巨匠的部分学说，在战国时的《庄子·天下》《荀子·非十二子》中已见端倪，继之则见于司马谈《论六家要旨》，司马迁《史记》中的诸子列传，刘向、刘歆父子《别录》《七略》和班固《汉书·艺文志》，其下又见于《七录》《隋书·经籍志》《旧唐书·经籍志》《新唐书·艺文志》《宋史·艺文志》《永乐大典》《明史·艺文志》《四库全书》等文献目录学著作和大型文献汇编之中，可谓代代相传。同时，在中华文明发展史上，像石渠阁会议、白虎观会议等学术活动的影响力，像《五经正义》《十三经注疏》等学术论著的权威地位，再加上学校教育和科举考试的倡导，这些因素都推动中华文化传统在中华大地传承不绝、流传至今。

第三，发达的中国史学是中华文明突出的连续性的有力明证，凸显出中华民族的共同记忆从未中断。重视历史、研究历史、借鉴历史是中华民族五千多年文明史的一个优良传统。中国史官制度源于商朝，周朝与各诸侯国已有"国史"撰述。孔子据鲁国国史作编年体史书《春秋》，产生了极大影响。《春秋》之后的编年史，有荀悦《汉纪》、袁宏《后汉纪》、司马光《资治通鉴》、李焘《续资治通鉴长编》、毕沅《续资治通鉴》等。司马迁志在"继《春秋》"而著《史记》，以"纪传体"记上起黄帝、下至汉武帝约三千年史事，是为中国史学史上第一部通史。东汉班固断代为史，将西汉历史著成《汉书》，开纪传体断代史之先河。此后，从《后汉书》到《清史稿》，历朝历代都有正史撰述，有的朝代甚至不止一部。这些断代史连同《史记》《汉书》，合称"二十六史"。除了以人物为中心的综合体史书，还有《通鉴纪事本末》系列的纪事本末体史书和《通典》《通志》《文献通考》等典章制度史系列。这些体裁的史书贯通古今，全方位地展现了中华文明发展连续性的特点，堪称世界史学的瑰宝。这些史书作为中华文明连续发展的记录，代代传承、世世研习，使中华民族的共同记忆从未中断。

　　第四，作为中华文明赖以流传的工具，文字语言从未中断。从文字方面来看，尽管现代汉字与甲骨文、金文相比变化很大，但由甲骨文到金文、由金文到小篆、由小篆到隶书、由隶书到楷书、由繁体楷书到简体楷书的发展过程十分清楚、完整。而且，不管字形发生了多大变化，字的构造总是以象形、指事、会意、形声为共同原则。这些原则如同一座联系古今汉字的桥梁，今人通过它们可以辨识古代文字。从语言方面来看，古今差异的确不小，但主要表现在语音、词汇及专门术语上，语法结构并没有发生根本性变化。更重要的是，语言方面的所有变化都是在长期的历史发展过程中逐渐发生的，后人可以沿着历代前人的解读拾级而上，来读懂早先的古籍。从未中断的文字语言，是中华文明突出的连续性的重要标志。

二、中华文明突出的连续性蕴含着丰富的中国智慧

为何中华文明五千多年来一脉相承、从未中断，一直延续到今天？这涉及许多方面的原因。古往今来，中国人

民为维护中华文明的连续发展进行了艰辛努力，其中蕴含的中国智慧对于人类文明发展有着重要借鉴意义。比如，中国古代政治人物关于创与守、得与失、安与危、兴与亡等关系的讨论，大多蕴含着辩证的思想，反映出对于国家治理的谨慎态度。虽然其根本目的在于维护自身统治，但其中包含着一些不可违背的历史法则。对这些历史法则的遵循，是中华文明连续发展的一个重要原因。

中国古代的许多政治人物都十分重视总结历史经验并提出一些理念，形成中国独有的政治文化和政治哲学。这种政治文化和政治哲学反过来又推动政治发展和文明发展，这对于中华文明连续发展有着十分重要的意义。西周统治者从商朝衰亡中汲取经验教训，强调"我不可不监于有夏，亦不可不监于有殷"[1]，把"天命"搁在一边，倡导以"德"治国，这在中华文明发展史上是较早的对历史经验的总结和借鉴。汉高祖要求陆贾"试为我著秦所以失天

---

[1]　（清）阮元校刻：《十三经注疏·尚书正义》卷十五《召诰》，452页，北京，中华书局，2009。

下，吾所以得之者何，及古成败之国"[1]。唐太宗君臣经常以短祚的秦、隋两朝为例，讨论历史借鉴问题。中国古代政治人物注重总结和借鉴历史经验，这对于维护中华文明突出的连续性具有重要意义。

与汲取历史经验教训紧密联系的，是一些政治人物对国家治理所面临的艰难常怀深深的忧虑，所以都十分重视"创业"难还是"守成"难的问题。唐太宗与大臣们讨论过这一问题。类似的问题明太祖也强调过，他对群臣说"诚思天下大业以艰难得之，必当以艰难守之"[2]。正是这种忧患意识，让许多朝代在开国之初都能励精图治，推动中华文明发展。其景象正如唐代史学家杜佑所说："汉、隋、大唐，海内统一，人户滋殖，三代莫俦。"[3] 中国历史上文

[1]（汉）司马迁：《史记》卷九七《郦生陆贾列传》，2699 页，北京，中华书局，1982。

[2]《明太祖实录》卷五八"洪武三年十一月"，1138 页，台北，"中研院"历史语言研究所，1962。

[3]（唐）杜佑撰，王文锦、王永兴、刘俊文、徐庭云、谢方点校：《通典》卷三一《王侯总叙》，849 页，北京，中华书局，1988。

景之治、开皇之治、贞观之治、康乾盛世等的出现，为中
华文明连续发展并不断迈上新的台阶奠定了重要基础。

　　中国古代史学家对于中国历史的思考往往表现出很强
的历史纵深感，其所体现的历史见识对于政治人物具有重
要影响，从而也深刻影响了中华文明的发展，这从唐代杜
佑的《通典》和宋代司马光的《资治通鉴》二书看得尤
为清楚。《通典》200卷，旨在阐述"往昔是非，可为来
今龟镜"[①]。全书分为食货（经济）、选举、职官、礼、乐、
兵、刑法、州郡、边防九门，并以食货为首，反映了国家
职能部门建制，强调国家对土地、户口进行管理的重要
性。《资治通鉴》294卷，"专取关国家盛衰，系生民休戚，
善可为法，恶可为戒者"[②]入史，足见司马光深刻的历史
见识和良苦用心。宋神宗称赞此书"尽古今之统，博而得
其要，简而周于事，是亦典刑之总会，册牍之渊林矣"[③]。

① （后晋）刘昫等：《旧唐书》卷一四七《杜佑传》，3983页，北京，中华书局，1975。
② （宋）司马光编著：《资治通鉴》附录《进书表》，9607页，北京，中华书局，1956。
③ （宋）宋神宗：《资治通鉴序》，见（宋）司马光编著：《资治通鉴》，33页，北京，
　　中华书局，1956。

此外，《贞观政要》一书因具体地反映唐太宗君臣论政的诸多观念、方略，在辽夏金元时期得到政治人物的高度重视，被诏命翻译成各种民族文字而广为流传。可见，清人龚自珍所说的"欲知大道，必先为史""智者受三千年史氏之书，则能以良史之忧忧天下"①等语，对于中华文明发展而言确有深意，并非夸张之虚言。

三、为建设中华民族现代文明作出史学贡献

习近平总书记在文化传承发展座谈会上的重要讲话中强调："希望大家担当使命、奋发有为，共同努力创造属于我们这个时代的新文化，建设中华民族现代文明！"②建设中华民族现代文明，是维护和彰显中华文明突出的连续性的内在要求。在中华文明发展史上，我国史学家们所撰

① （清）龚自珍：《龚自珍全集》，81、7页，上海，上海人民出版社，1975。
② 习近平：《在文化传承发展座谈会上的讲话》，12页，北京，人民出版社，2023。

著的史学著作成为中华文明突出的连续性的有力明证，所彰显的历史见识对中华文明发展产生重要影响。新时代新征程，广大历史研究工作者要自觉弘扬我国悠久的史学传统，为赓续中华文脉、建设中华民族现代文明作出史学贡献。

第一，坚持"两个结合"，深入挖掘中华优秀传统文化。习近平总书记指出："中国特色的关键就在于'两个结合'。"[①] 坚持"两个结合"，要求历史研究工作者坚持以习近平新时代中国特色社会主义思想为指导，对中华五千多年文明宝库进行全面挖掘，用马克思主义激活中华优秀传统文化中富有生命力的优秀因子并赋予其新的时代内涵，不断推动中华优秀传统文化创造性转化、创新性发展。要将中华民族的伟大精神和丰富智慧更好地提炼出来，有效地把马克思主义思想精髓同中华优秀传统文化精华贯通起来。

---

① 习近平：《在文化传承发展座谈会上的讲话》，7 页，北京，人民出版社，2023。

第二，坚定文化自信，用中国道理总结好中国经验，把中国经验提升为中国理论。我们要建设文化强国，要建设中华民族现代文明，必须实现精神上的独立自主。要实现精神上的独立自主，必须立足中华民族伟大历史实践和当代实践，用中国道理总结好中国经验，把中国经验提升为中国理论。广大历史研究工作者要坚定文化自信、坚持守正创新，进一步总结中华文明关于治国理政的理念、经验、智慧，使之具有现实的启示意义，并能在与世界各国的交流互鉴中彰显中国特色、中国风格、中国气派。

第三，坚持以人民为中心，为民族复兴提供精神力量。从"述往事，思来者"[1] 到"征诸人事，将施有政"[2]，体现的都是史学经世致用的功能和传统。史学之所以能够经世致用，是因为历史与现实是紧密联系的。新时代新征程，以中国式现代化全面推进中华民族伟大复兴，需要强

---

① （汉）司马迁：《史记》卷一三〇《太史公自序》，3300 页，北京，中华书局，1982。
② （唐）杜佑撰，王文锦、王永兴、刘俊文、徐庭云、谢方点校：《通典》卷一《自序》，1 页，北京，中华书局，1988。

大精神力量的支撑。广大历史研究工作者要坚持以人民为中心，推出更多精品力作，使之成为激励人民群众创造美好生活、推动实现中华民族伟大复兴的强大精神力量。

第五讲

统一是中华民族历史发展的必然要求 *

一、中华民族统一性的史前基础和初始文明

　　根据丰富的考古资料和考古工作者的精心研究，距今一万年到七千年前，中华大地各地区的交流已经展开；距今六千年到四千年前，中华大地文化趋同在增强。到了大禹的时期，中原文化对周围的影响更加显著，在长江中下游地区可以清晰地看到中原文化影响的到来。距今四千年

---

*　本文原刊于《北京师范大学学报（社会科学版）》2023 年第 6 期，原题为《统一是中华民族历史发展的必然要求——论中华民族具有突出的统一性》。

左右，夏王朝在中原地区建立。中华文明以满天星斗式的古国文明，进入由中原王朝引领的古国文明阶段。二里头文化及三星堆遗址与相关考古资料表明，中华早期文明从多元走向一体，即从各区域文明独自起源，发展为以中原王朝为引领的历史格局。商王朝建立后，继承了夏王朝的青铜器和玉礼器制度，并赋予其新的内涵，工艺技术也更加高超。在这一阶段，商王朝的冶铜术向周围广大地区传播，使长江上中下游、黄河上下游和辽河流域的文化相继进入青铜时代。中原的商王朝对周围方国产生的强烈影响，引领了中国青铜文明的发展。周王朝建立后，实行分封制。周朝系统的青铜器在各个诸侯国所在地出土，显示出前所未有的中原王朝在制度层面对周围广大地区实行稳定统治的局面，中华文明的统一性得到显著增强。[①]这里说的古国文明、方国等，有些是同中国多民族分布相关联的。

[①]　以上表述引自王巍：《多元一体，百川归海——论中华文明的统一性》，载《光明日报》，2023-09-04。

　　地理条件与民族的形成、民族间的差别和交往也有密切的关系，中国的地理条件有利于中华民族统一性的形成和发展。

　　中国史学家很早就重视记载各个民族的历史，他们也注意到地理条件与民族发展的关系。杜佑在《通典》中就谈论到这个问题，他说："覆载之内，日月所临，华夏居土中，生物受气正。其人性和而才惠，其地产厚而类繁，所以诞生圣贤，继施法教，随时拯弊，因物利用。三五以降，代有其人。君臣长幼之序立，五常十伦之教备，孝慈生焉，恩爱笃焉。主威张而下安，权不分而法一。生人大赘，实在于斯。"[①] 至于少数民族地区，则是"其地偏，其气梗，不生圣哲，莫革旧风，诰训之所不可，礼义之所不及，外而不内，疏而不戚"[②]。杜佑在这里提出的有些论点是不足取的，但反映了史学家试图从地理条件的差别上

① （唐）杜佑撰，王文锦、王永兴、刘俊文、徐庭云、谢方点校：《通典》卷一八五《边防序》，4978 页，北京，中华书局，1988。
② （唐）杜佑撰，王文锦、王永兴、刘俊文、徐庭云、谢方点校：《通典》卷一八五《边防序》，4980 页，北京，中华书局，1988。

去说明汉族社会发展和少数民族社会发展有很大不同的原因。

用今天的观点来看，由于我国许多少数民族基本分布在全国的周边地区，因而与主要聚居在黄河、长江中下游地区的汉族相比，在气候条件、土壤条件和地理环境的其他许多方面有很大的不同；同时，北方少数民族和南方少数民族在地理条件上的差别显得更为突出。一般地说，汉族居住的地区宜于农业；北方少数民族居住的地区气温较低，多草原、沙漠，宜于牧业；南方少数民族居住的地区气温较高，多高山、丘陵，宜于农业。这对于各个民族的经济、政治、文化、生活方式等方面都会产生一定的影响。可见，民族特点的形成和各民族间的差别，是同地理条件之不同有关的。例如，北方民族因交通便利容易走向联合，社会发展的进程也比较快，这与他们从事集体的游牧活动、具有勇敢的精神有关；南方民族则往往局促于山地，交通不便，极不利于联系和融合，这是南方民族虽然在数量上超过北方民族，但在社会发展上却落后于北方民族的一个很重要的原因。由此也可以说明这样一个历史现象：北方民族曾经一次又一次地进入中原地区，而南方民族却很少有过类似的活动。从民族文化来看，北方民族与南方民族的发展也不相同。

中国的地理条件，哺育了以汉族为主体的几十个民族，这些民族各有特点，因而产生了相互间的差别，这是一方面；另一方面，这样的地理条件也维系着中华民族中各族间的联系，如同它维系着历史上长时期的政治统一局面一样，经久不衰。这是因为：第一，汉族聚居的黄河、长江中下游地区，由于其地理条件的优越，生产的发展始终处于领先的地位，并在物质上、生产技术上和文化上影响着周边的少数民族地区，因而形成了一种自然的凝聚力。这种建立在物质基础上的凝聚力，是不以人的主观意志为转移的。第二，在东和南滨海、北有沙漠、西和西南有高山的地理条件下，周边少数民族向内地发展比向外发展要容易得多，因而产生了一种自然的内向性。这种自然的内向性与上述自然的凝聚力的结合，成为维系中华民族各族间的联系的纽带。正因如此，两千多年来，在中国民族关系史上，尽管有时候互相攻伐、兵戎相见，有时候"和亲"通好、会盟互市，各族间的关系好一阵、歹一阵，但总的趋势是越来越密切、越来越密不可分。①

二、统一，是中华民族悠久的思想传统

中华文明的史前阶段和地理条件是有利于统一的客观形势，中华文明很早就孕育着"统一"的朦胧意识。《诗经·小雅·北山》有："溥天之下，莫非王土；率土之滨，莫非王臣。"这里说的"溥天之下"，可以看作一种朦胧的"天下"意识，与"统一"意识是密切相关联的。

人们的社会存在决定人们的思想。中华民族形成前夕，时值春秋战国时期，大国争霸，七国称雄，战争频仍，社会动乱，久之，人们思定。《孟子》有这样一段

---

① 以上参见白寿彝总主编：《中国通史》第 1 卷《导论》，146～148 页，上海，上海人民出版社，1989。

记载：

> 孟子见梁襄王，出，语人曰："望之不似人君，就之而不见所畏焉。卒然问曰：'天下恶乎定？'吾对曰：'定于一。''孰能一之？'对曰：'不嗜杀人者能一之。''孰能与之？'对曰：'天下莫不与也。王知夫苗乎？七八月之间旱，则苗槁矣。天油然作云，沛然下雨，则苗浡然兴之矣。其如是，孰能御之？今夫天下之人牧，未有不嗜杀人者也。如有不嗜杀人者，则天下之民皆引领而望之矣。诚如是也，民归之，由水之就下，沛然谁能御之？'"①

孟子和梁襄王的这一段对话，集中地反映出自春秋至战国中期的时代特点。值得注意的是，梁襄王提出"天下恶乎定"的问题，是担心在动乱中失去自己的统治地位。

---

① （清）阮元校刻：《十三经注疏·孟子注疏》卷一下《梁惠王章句上》，5807 页，北京，中华书局，2009。

孟子说的"定于一",是反映了人民的要求。有关"孰能一之""孰能与之"的回答，充分表明孟子是站在人民立场上来看待"天下"统一问题的。他用"苗槁"而"天油然作云，沛然下雨，则苗淳然兴之矣"来比喻人民渴望统一的愿景是不可阻挡的，恰当地反映了当时的历史形势。

其后，战国七雄中的秦国采用商鞅的建议，实行变法，逐渐强大起来，并先后打败东方六国，统一中国，发布多方面的统一措施，建立起以郡县制为政治体制的中央集权国家。但是，在秦朝大臣中，对这种政治体制的意见并不一致，史载：

> 丞相绾等言："诸侯初破，燕、齐、荆地远，不为置王，毋以填之。请立诸子，唯上幸许。"始皇下其议于群臣，群臣皆以为便。廷尉李斯议曰："周文武所封子弟同姓甚众，然后属疏远，相攻击如仇雠，诸侯更相诛伐，周天子弗能禁止。今海内赖陛下神灵一统，皆为郡县，诸子功臣以公赋税重赏赐之，甚足

易制。天下无异意，则安宁之术也。置诸侯不便。"
始皇曰："天下共苦战斗不休，以有侯王。赖宗庙，
天下初定，又复立国，是树兵也，而求其宁息，岂不
难哉！廷尉议是。"①

这是一次具有重大意义的"廷议"，李斯从周朝分封
制的历史教训中得到启示，认为不可袭用分封制，应实行
郡县制。秦始皇总结得也很中肯，尤其是他说的"天下共
苦战斗不休，以有侯王"，可谓一语中的，是对历史经验
教训的总结，实乃点睛之笔。此次"廷议"确立了在中国
历史上实行约两千年的郡县制，李斯功不可没。
即使在分裂时期，这种统一的思想也在政治人物的筹
划之中。如东汉末年三国行将分立之时，诸葛亮《隆中
对》为刘备策划的政治蓝图是"霸业可成，汉室可兴"②

① （汉）司马迁：《史记》卷六《秦始皇本纪》，238～239页，北京，中华书局，
1982。
② （晋）陈寿：《三国志》卷三五《诸葛亮传》，913页，北京，中华书局，1982。

的统一局面。又如十六国时，前秦苻坚认为当时形势是：
"今四海事旷，兆庶未宁，黎元应抚，夷狄应和，方将混
六合以一家，同有形于赤子。"[①] 这种统一的思想是非常突
出的。北魏拓跋珪建立政权，与大臣议定"国号"时有
一段语重心长的谈话："昔朕远祖，总御幽都，控制遐国，
虽践王位，未定九州。逮于朕躬，处百代之季，天下分
裂，诸华乏主。民俗虽殊，抚之在德，故躬率六军，扫平
中土，凶逆荡除，遐迩率服。宜仍先号，以为魏焉。"[②] 他
还称道"《春秋》之义，大一统之美"[③]，可见拓跋珪不仅志
在继承、发展先人未竟之业，更有统一"天下"之志。到
了北魏世祖拓跋焘时，进而施行"除故革新，以正一统"[④]
的一系列措施。及至北魏孝文帝时，迁都洛阳，目的是

① （唐）房玄龄等：《晋书》卷一一三《苻坚载记上》，2896 页，北京，中华书局，
1974。
② （北齐）魏收：《魏书》卷二《太祖纪》，32～33 页，北京，中华书局，1974。
③ （北齐）魏收：《魏书》卷二《太祖纪》，37 页，北京，中华书局，1974。
④ （北齐）魏收：《魏书》卷四上《世祖纪上》，80 页，北京，中华书局，1974。

"经营天下，期于混一"①。由此可见，北魏几代君主都以实现统一为己任。北魏政权在中国历史上作出重大贡献，与这种贯穿始终的统一思想密不可分。

辽宋夏金元时期，人们深受"正统论"的影响，把"大一统"的思想与"正统论"联系起来。如金朝海陵王与大臣讨论国策时指出："自古帝王混一天下，然后可为正统。"② 这是把"正统"作为最高的政治追求，而"大一统"则是通向"正统"的阶梯。这种思想在元修辽、金、宋三史得以施行并取得成果的过程中，也看得十分清楚。

值得注意的是，这种"大一统"思想在元修《大一统志》中表现得淋漓尽致。史载：至元二十三年（1286年），集贤大学士建言："方今尺地一民，尽入版籍，宜为书以明一统。"元世祖采纳建议，至二十八年书成，名曰《大一统志》，至正六年（1346年）于杭州刻印"以永于

---

① （宋）司马光编著：《资治通鉴》卷一三八《齐纪四》，4339 页，北京，中华书局，1956。
② （元）脱脱等：《金史》卷八四《耨盌温敦思忠传》，1883 页，北京，中华书局，1975。

世"。① 次年，中书平掌政事铁木耳达实传旨，命大臣许有壬为《大一统志》作序。许有壬在序文中写道："臣闻《春秋》所以大一统者，六合同风，九州共贯也。""我元四极之远，载籍之所未闻，振古之所未属者，莫不涣其群而混于一。""皇上体乾行健，以统理万邦，所谓一统，万类可以执一御，而六合同风，九州共贯之机括系焉。""垂之万世，知祖宗创业之艰难；播之臣庶，知生长一统之世，邦有道谷，各尽其职。于变时雍，各尽其力。上下相维，以持一统，我国家万疆之休，岂特万世而已哉，统天而与天悠久矣！"② 其后的明修《大明一统志》、清修《大清一统志》，当是受到元修《大一统志》的影响。至此，中华民族关于统一的古老的思想传统达到一个新的高峰。

　　一言以蔽之，统一是中华民族悠久的思想传统和不懈的现实追求。

○○○○○○○○○○○○○○○○○○○○○○○○○○

① （元）许有壬：《大一统志序》，见李修生主编：《全元文》卷一一八七，124
　　页，南京，江苏古籍出版社，1998。
② （元）许有壬：《大一统志序》，见李修生主编：《全元文》卷一一八七，124～
　　125 页，南京，江苏古籍出版社，1998。

三、统一，是中华民族坚定的政治诉求

上文所引李斯从历史经验教训中得到启示，力主推行郡县制与秦始皇所说"天下共苦战斗不休，以有侯王"的认识，反映了政治人物对政治统一（国家统一）的信念。这种信念深深地植根于中华民族的历史意识和政治意识的土壤之中，对后世有长久的影响。刘邦建立西汉后，想到的第一件事便是国家统一后如何保持政治统治上的巩固。史载：刘邦称帝后回到故乡与故人相聚，"高祖击筑，自为歌诗曰：'大风起兮云飞扬，威加海内兮归故乡，安得猛士兮守四方！'"[1]这三句简单的歌词反映了秦汉政治统治更迭后的一个中心问题，即如何巩固政治统一局面。由此可以看出，刘邦是一位胸怀大志的政治家。他接受娄敬的建议，定都长安，也是出于同样的思考。[2]

---

① （汉）司马迁：《史记》卷八《高祖本纪》，389 页，北京，中华书局，1982。
② 参见（汉）司马迁：《史记》卷九九《刘敬叔孙通列传》，2715～2717 页，北京，中华书局，1982。

比之于刘邦来说，唐太宗是一位有较高文化修养的皇帝。他即位之后，问左右大臣一个问题：创业难，还是守成难？所谓"创业"是指隋唐更迭之际唐朝的建立，"守成"则是指巩固唐朝的统治。简单说来，就是"打江山"难，还是"守江山"难？房玄龄说"打江山"难，扫平群雄、推翻隋朝经历了太多的困难。魏徵则说"守江山"难，因为会碰到许多新问题，而且要做到善始与慎终尤为不易。唐太宗听后总结说，你们说得都对：房玄龄随我"打江山"，九死一生，故谓之难；魏徵将随我"守江山"，不知会遇到什么样的问题，故谓之难。好在"打江山"的事情已经成为过去，希望诸君同我一起来好好"守江山"。[①] 这一番对话，问题提得平实，但实际内容则关乎治理国家的一个根本大计。此后，唐太宗在用人、纳谏、戒奢、慎终等诸多方面都谨言慎行，以至于出现被后人称为"贞观之治"的盛世局面。历史上所谓"汉唐盛

---

① 参见（唐）吴兢撰，谢保成集校：《贞观政要集校》卷一《君道》，14～15页，北京，中华书局，2009。

世"局面的出现有多种原因，其中一个重要原因就是最高统治者极其关注如何巩固政治统治这一根本问题。

用历史比较的眼光来看，秦朝统一中国后，秦始皇采取了一系列巩固统一的措施，产生了深远的历史影响。但秦朝的严刑峻法、过役人力导致了政权不稳，而秦二世延续了秦的暴政，加速了秦的灭亡。与秦朝历史相近的是隋朝，尽管隋文帝也说"朕君临区宇，深思治术"[1]"天下大同，归于治理"[2]，但他并没有像刘邦、唐太宗那样认识到巩固政治统治是最为迫切的问题，也并未在施政方面采取有效措施，以致到了隋炀帝时，全国暴乱四起，导致隋亡。史家评论说"隋之得失存亡，大较与秦相类"[3]，这个看法是深刻的。

值得注意的是，不论是秦汉的统一还是隋唐的统一，都展现出一个共同的历史现象，即政治的统一与民族的统

---

[1] （唐）魏徵等：《隋书》卷一《高祖上》，20页，北京，中华书局，1973。
[2] （唐）魏徵等：《隋书》卷二《高祖下》，38页，北京，中华书局，1973。
[3] （唐）魏徵等：《隋书》卷七十《裴仁基传》，1636页，北京，中华书局，1973。

一是相互促进的。春秋战国时期的民族大融合所形成的华夏族，与秦汉政治统一局面相一致；魏晋南北朝时期的民族大迁移、大交融所形成新的民族称谓"中华"，与隋唐政治统一局面相一致。从中国历史进程来看，这不是偶然的现象，而是带有规律性的内在联系，即中国作为统一的多民族国家在发展进程中的突出特征。在元、明、清三朝，这种突出特征又出现了新的表现形式。

首先是元朝统治者怎样看待其与辽、金、宋三朝的关系。这个问题在元朝修辽、金、宋三史时便摆在元朝统治者面前，因在认识上得不到合适的解释，三史撰述拖延了很久。其中虽有多种因素起作用，但是根本的一条还是大一统问题。直至元顺帝时，元朝君臣终于明确了两点，或者说在这两点上统一了认识：一是元朝与辽、金、宋三朝有密不可分的历史联系，二是元朝的统一是包含了辽、金、宋三朝在内的更大规模的统一。正如元顺帝在《修三史诏》中所言：

这三国为圣朝所取制度、典章、治乱、兴亡之由，恐因岁久散失，合遴选文臣，分史置局，纂修成书，以见祖宗盛德得天下辽、金、宋三国之由，垂鉴后世，做一代盛典。[①]

诏书的前半段指出了元与辽、金、宋的历史联系，后半段强调了元朝统一辽、金、宋三朝成"一代盛典"的功业。这两点在认识上弄清楚了，修三史也只是技术方面、体例方面的问题了。如此看来，《修三史诏》所包含的政治统一思想是极为深刻的。

其次是明朝统治者如何评价元朝历史。元末，朱元璋起事时曾发布《谕中原檄》，檄文中有"驱逐胡虏，恢复中华"的号召。显然，这是在用渲染民族矛盾的手段来动员反元力量，以壮大自身的声势。但在元朝被推翻后，朱元璋于建元之年即指示修撰《元史》。史载："洪武元年冬

---

① （元）脱脱等：《辽史》附录《修三史诏》，1554页，北京，中华书局，1974。

十有一月命启十三朝实录，建局删修，而诏宋濂、王祎总裁其事。起山林遗逸之士，协恭共成之，以其不仕于元而得笔削之公也。"① 明朝建立伊始即将修撰《元史》提上议事日程，这至少表明两点：一则是元朝确实被推翻了，而明朝确实建立起来了，这是朝代更替的大事；二则是显示出明朝统治者对修撰前朝史的重视，这也是自唐朝设立史馆以来的一个修史传统。朱元璋对待元朝统治者及其历史的态度与认识上的变化，显示出他作为政治家的气度。

继而，朱元璋在一道上谕中对史臣们阐述修史工作的意义与修撰《元史》的必要性，指出：

> 近克元都，得元十三朝实录，元虽亡，国事当记载，况史纪成败，示惩劝，不可废也……自古有天下国家者，行事见于当时，是非公于后世，故一代之兴衰，必有一代之史以载之。元主中国殆将百年，其初

---

① （明）宋濂：《吕氏采史目录序》，见徐儒宗等点校：《宋濂全集》第三册《宋学士文集·銮坡后集》卷四，774 页，杭州，浙江古籍出版社，2014。

君臣朴厚，政事简略，与民休息，时号小康。然昧于
先王之道，酣溺胡虏之俗，制度疏阔，礼乐无闻，至
其季世，嗣君荒淫，权臣跋扈，兵戈四起，民命颠
危。其间虽有贤智之臣，言不见用，用不见信，天下
遂至土崩。然其间君臣行事，有善有否，贤人君子，
或隐或显，其言行亦多可称者。今命尔等修纂，以备
一代之史。务直述其事，毋溢美，毋隐恶，庶合公
论，以垂鉴戒。①

在这道上谕中，朱元璋对有元一代的政治统治有褒有
贬，既肯定了曾经出现过的"与民休息，时号小康"的局
面，也指出了"遂至土崩"的原因。重要的是，强调了修
纂元史是"以备一代之史""以垂鉴戒"。总的来看，朱
元璋对于元朝统一的政治局面是认可的，甚至是重视的。
这一点在宋濂的一段表述中讲得很透彻："昔者，唐太宗

<hr/>

① 《明太祖实录》卷三九"洪武二年二月"，783～784 页，台北，"中研院"历史语言研究所，1962。

以开基之主，干戈甫定，即留神于《晋书》，敕房玄龄等撰次成编，人至今传之。钦惟皇上龙飞江左，取天下于群雄之手，大统既正，亦诏修前代之史，以为世鉴。古今帝王能成大业者，其英见卓识，若合符节盖如是。於戏盛哉！"① 这里所谓"大统"是一个双关语，既说明元朝的"大统"已成为过去，又说明明朝的"大统"已经开始，都是对历史上的政治统一意识的反映。

最后是清朝统治者对明朝历史与修撰《明史》的重视。与明修《元史》相似，清朝建立之初，于顺治二年即着手议修《明史》，历经90多年，至乾隆四年才正式刊行，顺治、康熙、雍正、乾隆四朝君臣致力于此，总裁官三易其人（张玉书、王鸿绪、张廷玉），足见其用力之勤、之久。值得注意的是，当《明史》刊刻即将完成之际，乾隆皇帝于乾隆四年又下达了纂修《明纪纲目》的上谕：

---

① （明）宋濂等：《元史》附录《宋濂目录后记》，4677～4678页，北京，中华书局，1976。

编年纪事之体，昉自《春秋》。宋司马光汇前代诸史，为《资治通鉴》，年经月纬，事实详明。朱子因之，成《通鉴纲目》，书法谨严，得圣人褒贬是非之义。后人续修《宋元纲目》，上继紫阳，与正史纪传相为表里，便于检阅，洵不可少之书也。今武英殿刊刻《明史》，将次告竣，应仿朱子义例，编纂《明纪纲目》，传示来兹。着开列满汉大臣职名，候朕酌派总裁官董率其事。其慎简儒臣，以任分修，及开馆编辑事宜，大学士详议具奏。[①]

显然，乾隆皇帝意在使《明纪纲目》上接《宋元纲目》乃至《通鉴纲目》，从中可见历史意识与现实的政治统一的密切关系。

综上所述，从秦汉、隋唐到元、明、清，中国历史上的重要人物（不限于政治人物）对政治统一始终抱有坚定

---

① 《清高宗实录》卷九八"乾隆四年八月"，见《清实录》第十册，486页，北京，中华书局，1985。

的信心，而这种坚定的信心又是与中华民族各族间交往交流交融中的共同要求相互关联的。

四、统一，是中华民族各族间交往交流交融的历史主流

自秦汉开始，中国成为一个不断发展的统一的多民族国家。从中华民族发展史来看，一方面，在统一的多民族国家范围内，民族矛盾仍然存在；另一方面，在各民族交往交流交融中，每次大规模的民族重新组合都进一步加深了中华民族走向统一的趋势，这已成为一个规律性现象。

这一民族重新组合的规律性现象，突出地表现在三国、两晋、南北朝、隋唐时期和五代、辽、宋、夏、金、元时期。

三国时期，匈奴人、氐人、羌人、鲜卑人等入居内地，跟汉人杂居，产生民族矛盾的机会增多了，出现民族融合的条件也增多了。此后，经历了所谓"五胡十六国"

的战乱、南北朝的对抗、北朝的分裂，经历了北方民族的兴替、南方民族在南朝影响下所发生的变化，经历了南诏的兴起和吐蕃的强大……在长时期的历史性变化中，民族分分合合，使汉族得到了一定程度的更新，也使一些少数民族得到了经济上和文化上的提高，全国封建化过程有了进一步的发展。隋唐正是在民族重新组合的基础上建立了兴盛的王朝，它们的朝廷上有来自少数民族的臣僚，它们的后宫中坐着出身少数民族的皇后。

　　五代时的五个朝廷中，就有三个是沙陀人建立的。在北宋的北境，契丹占有燕云诸州，西北境则有西夏。北宋号称统一，实际上并没有统一起来。在北宋时，契丹继续强大起来，女真也强大起来，蒙古更是强大起来。在蒙古占统治地位的年代，不同民族的人们因军事上、政治上、经济上、文化上、宗教上和婚姻上的原因，不断有大大小小的重新组合。在葱岭以西的许多民族，也有不少人进入中国，时间久了，变成了中国人。这时，居住在黄河中下游流域的居民被称为"契丹人"，实际上包含了大量的汉人，其次是女真人和原来的契丹人，还有别的少数民族。长江以南的人被称为"汉人"，实际上也包含更多民族的人。"契丹人"和"汉人"的名称在当时主要表明政治上的不同身份，但也可见若干不同民族间的区别已经在一定程度上趋向淡薄了。元代是民族重新组合的大时代，其深度和广度超过隋唐。在一定范围内，元代的民族重新组合还包含世界性的因素。到了元代，中国历史上的民族重新组合可以说是基本上稳定下来了。其后虽有满族的入关，但变动并不太大。在这次民族重新组合中，汉族在经济上、文化上的力量继续占有优势，不断地对其他各族人民施加影响。[①]

从中华民族发展史的进程来看，前一个时期的民族重新组合的积极成果是中华民族从形成走向发展的标志，后一个时期的又一次民族重新组合的积极成果是中华民族从发展走向壮大和巩固的里程碑。

---

① 白寿彝总主编：《中国通史》第 1 卷《导论》，14 ～ 15 页，上海，上海人民出版社，1989。

　　从整体的角度看待这两个时期的民族重新组合的复杂
形势，还应当关注这种形势在人们思想上的反映。客观地
讲，这种形势对一些人来说可能容易滋长其民族歧视的
情绪和落后于时代的思想，但对另一些人来说则可以开
阔视野，使其产生跟上历史发展步伐的思想。前者如江统
的《徙戎论》，明确表示不愿看到少数民族居于沃土、不
愿顾及少数民族自身的发展，体现了不能以平等的态度对
待少数民族的思想等①，都是与当时民族重新组合的潮流相
悖的。后者如唐太宗，明确表示"夷狄亦人耳"②，"自古皆
贵中华，贱夷、狄，朕独爱之如一"③。《隋书·经籍志》和
刘知幾《史通》都能肯定少数民族政权在历史上的积极作
为。④ 杜佑《通典》更是进一步阐明了地理条件的差异致

---

① 参见（唐）房玄龄等：《晋书》卷五六《江统传》，1529～1534 页，北京，中华书局，1974。
② （宋）司马光编著：《资治通鉴》卷一九七《唐纪十三》，6215 页，北京，中华书局，1956。
③ （宋）司马光编著：《资治通鉴》卷一九八《唐纪十四》，6247 页，北京，中华书局，1956。
④ 参见（唐）刘知幾著，（清）浦起龙通释，王煦华整理：《史通通释》卷四《称谓》，99～105 页，上海，上海古籍出版社，2009。

使民族间在文明进程上存在差异[①]，这是当时最具理性认识的民族观点。

此外，从唐修八史到元修三史，也可以看到民族间的差异在逐渐淡化，而民族间的统一趋势在逐渐加强、加深。

从整体上看待中华民族从形成、发展走向壮大和巩固与逐步深度统一的历史进程，还应认识到这个历史进程经历了不同形式、不同区域、不同性质的长期发展趋势。具体说来，中华民族经历的统一有单一民族内部的统一和多民族的统一，后者又包含区域性的多民族的统一、全国性的多民族的统一和社会主义的全国性的多民族的统一。

单一民族内部的统一，主要是由氏族、部落或部落联盟发展而来。有时，一个民族遭到重大的挫折而分散了，后来重新组合，形成这个民族内部新的统一。匈奴原来是一些部落，部落与部落间的关系是不稳定的，《史记·匈

---

① 参见（唐）杜佑撰，王文锦、王永兴、刘俊文、徐庭云、谢方点校：《通典》卷四八《立尸义》，1353～1355页，北京，中华书局，1988。

奴列传》说匈奴"自淳维以至头曼千有余岁，时大时小，别散分离"[1]。后来头曼单于和冒顿单于在位的时候，有血缘关系的许多部落联合起来，形成了匈奴内部的统一。松赞干布时的吐蕃、阿保机时的契丹、成吉思汗时的蒙古，都有一个民族内部的统一过程，都是由许多分散的部落统一起来，形成发展阶段较高的民族共同体。努尔哈赤时的女真，是在金亡后女真各部分散的情况下把海西女真和建州女真的各部重新组合起来，形成了女真内部新的统一。汉族是一个民族混合体，它的祖先也必然经历过由部落发展起来的过程，但已难以详考。有的学者设想，传说中的大禹治水必须有许多部落参加，可能在这时形成了夏民族，而为汉族来源之一。但这毕竟还是设想，尚无从证实。

　　比起单一民族内部的统一，多民族的统一可以说是更高的发展阶段。说是多民族，当然不限于一个民族。但在

---

[1]　（汉）司马迁：《史记》卷一一〇《匈奴列传》，2890 页，北京，中华书局，1982。

多民族中，往往要有一个主体民族。战国七雄都是地区性的多民族的统一体，它们都有自己的主体民族，而分别与东方诸夷、西方诸戎、北方诸狄、南方诸蛮以及其他民族统一起来。三国时期的魏、蜀、吴也都是地区性的多民族的统一体，它们都以汉族为主体，而分别与本地区的少数民族统一起来。南北朝时期，我们习惯上认为南朝和北朝分别是汉人的朝廷和鲜卑人的朝廷，实际上它们都是地区性的统一的多民族朝廷。南朝的主体民族是汉族；北朝尽管由鲜卑人当权，但这个地区的主体民族仍然是汉族。秦汉、隋唐、元、明、清等时期都形成了以汉族为主体的全国性的多民族的统一。元代的最高统治者是蒙古贵族，清代的最高统治者是满洲贵族，但汉族人民在这两个时期仍然是社会生产力的主要承担者，元、清的政权实质上也是蒙古贵族、满洲贵族跟汉族地主阶级联合统治的政权。

社会主义的统一的多民族国家是对历史上的统一的多民族国家的继承，而在本质上跟历史上的统一的多民族国家又有根本的区别。这就是中华人民共和国这个国家是消灭了剥削和压迫的国家，是各族人民当家作主的国家，是只有在中国共产党的领导下才能建立起来的社会主义国家。

从历史的发展来看，这四种民族统一的形式是按照顺序前进的，一步高于一步。先是有若干单一民族内部的统一的出现，如夏、商、周等族的最初形成。然后有区域性的多民族的统一，如战国七雄。然后有全国性的多民族的统一，如秦汉、隋唐、元、明、清。然后有社会主义的全国性的多民族的统一，即中华人民共和国的诞生。在全国性的多民族的统一的发展过程中，也出现过分裂。秦汉以后，出现了魏、蜀、吴的割据。经过西晋短暂的统一，又有所谓"五胡十六国"之乱及南北朝的分立。在唐与元之间，又有辽、夏、金与宋的对峙。但每经历一次曲折，统一的规模就更为盛大，元的疆域比隋唐还要恢廓。在曲折过程中出现的地方政权，就全国来说是割据政权，就它们本身来说也自有其历史性的意义。在这些政权的统治范围内，由于先进生产力的影响和统治者谋生存的需要，往往会出现生产力状况的改善。自三国至南宋时期中国经济重

心的逐步南移，就是其鲜明的例证。地区经济一定程度上
的改善，在后来统一局面再度形成后提供了生产发展的一
些条件。同时，地方政权往往也能根据本地区的特殊情况，
创造和积累处理国家事务方面的经验。隋唐的官制、军制
和田制，就有不少是继承北朝长期实行的制度。从历史的
某一片段来看，确实不止一次地有分裂状态的存在，但从
历史发展的全貌来看，全国性的多民族的统一才是主流。[①]

五、历史文化认同是中华民族各族间交往交流交融的内在推动力

　　如上所述，中华民族在思想统一、政治统一、民族统
一的发展中是相互关联、相互促进的，并不断地维系着、
加深着统一的趋势。同时，在这个过程中还始终存在着一
种推动力在促进这种趋势的深度和广度，这就是各族间始

① 参见白寿彝总主编：《中国通史》第 1 卷《导论》，90 ～ 92 页，上海，上海人
　民出版社，1989。

终存在着的历史文化认同的意识和趋向。历史认同包含血缘、地理、治统等，文化认同包含心理、制度、道统等。历史的联系是割不断的，文化的浸润是抹不去的，故历史文化认同是一种极深层的推动力。历史文化认同包含的内容十分广泛，这里我们只选择治统和道统两个重要方面予以论述。

首先谈治统方面的认同。治统是政治统治的继承性，它本质上是关于中国历史上历代政权的连续性的观念。对此，司马迁已经作出了他那个时代的记述与解说。《史记》中的《五帝本纪》《夏本纪》《殷本纪》《周本纪》《秦本纪》《秦始皇本纪》《项羽本纪》及西汉前期诸帝本纪等，还有《三代世表》《十二诸侯年表》《六国年表》《秦楚之际月表》等，已清晰地描述出治统的轨迹。再者，历史上虽有种种正闰之争、"中国"之争、正统之争，但总的方向都没有脱离治统的轨迹。治统的渊源，自是"五帝三王"；随着历史的发展，其内涵则往往是指汉唐政治。唐高祖李渊说的东晋十六国、南北朝诸王朝"莫不自命正朔，绵历岁祀，各殊徽号，删定礼仪。至于发迹开基，受终告代，嘉谋善政，名臣奇士，立言著绩，无乏于时"[1]云云，显示出他作为政治家的宏大气度。元初，大臣王鹗向元世祖建议修撰前朝史，指出："宁可亡人之国，不可亡人之史。若史馆不立，后世亦不知有今日。"[2]至元末，元顺帝诏命修前朝史，认为这是为了"以见祖宗盛德得天下辽、金、宋三国之由，垂鉴后世，做一代盛典"[3]。

　　其次说道统方面的认同。道统在本质上是指周公、孔子以来的思想传统。其人生价值的理想境界，是修身、齐家、治国、平天下，故必须"自强不息""厚德载物"；其立身行事的准则，是仁、义、忠、信；其社会伦理思想，是君君、臣臣、父父、子子；其处世方法，是主张"中庸"等。这些都是经书所提倡的。《隋书·经籍志》经

① （宋）宋敏求编：《唐大诏令集》卷八一，466 页，北京，中华书局，2008。
② （元）苏天爵：《元朝名臣事略》卷十二，239 页，北京，中华书局，1996。
③ （元）脱脱等：《辽史》附录《修三史诏》，1554 页，北京，中华书局，1974。

部总序在论述儒家经典的作用后强调说：

> 夫经籍也者，机神之妙旨，圣哲之能事，所以经天地，纬阴阳，正纪纲，弘道德，显仁足以利物，藏用足以独善，学之者将殖焉，不学者将落焉。大业崇之，则成钦明之德，匹夫克念，则有王公之重。其王者之所以树风声，流显号，美教化，移风俗，何莫由乎斯道？故曰："其为人也，温柔敦厚，《诗》教也；疏通知远，《书》教也；广博易良，《乐》教也；洁静精微，《易》教也；恭俭庄敬，《礼》教也；属辞比事，《春秋》教也。"遭时制宜，质文迭用，应之以通变，通变之以中庸。中庸则可久，通变则可大，其教有适，其用无穷，实仁义之陶钧，诚道德之橐籥也。其为用大矣，随时之义深矣，言无得而称焉。故曰："不疾而速，不行而至。"今之所以知古，后之所以知今，其斯之谓也。[1]

---

① （唐）魏徵等：《隋书》卷三二《经籍一》，903 页，北京，中华书局，1973。

其后，清代修《四库全书》，其经部总叙说："盖经者非他，即天下之公理而已。今参稽众说，务取持平，各明去取之故，分为十类：曰易、曰书、曰诗、曰礼、曰春秋、曰孝经、曰五经总义、曰四书、曰乐、曰小学。"[①]用历史的观点来看，《隋书·经籍志》经部总序是关于中国古代思想即精神文化的一次总结，而《四库全书》经部总叙则是在新的历史条件下关于中国古代精神文化的又一次总结。其间经历了悠久的岁月，同时也包含了中国历史上许多民族的思想认同，进一步反映了所谓道统的传统。这对于统一的多民族国家的发展和巩固具有十分重大的作用和意义。

需要强调指出的是，中国历史上的历史文化认同的传统同中国历史上的大一统思想的传统有密切的关系，甚至可以认为，大一统思想在一定的意义上正是历史文化认同的一种恢宏的反映。正如有的学者就大一统的思想本质所

①　（清）永瑢等：《四库全书总目》卷一《经部一》，1页，北京，中华书局，1965。

指出的那样：

大一统的思想，三千年来浸润着我国人民的思想感情，这是一种凝聚力。这种力量的渊（源）泉，不是狭隘的民族观念，而是内容丰富，包括有政治经济文化各种要素在内的实体。而文化的要素更占有重要地位。"华夏文明"照耀在天地间，使我国人民具有自豪感与自信心，因而是无比的精神力量。它要求人们统一于华夏，统一于"中国"；这"华夏"与"中国"不能理解为大民族主义或者是一种强大的征服力量。它是一种理想，一种自民族国家实体升华了的境界，这种境界具有发达的经济，理想的政治，崇高的文化水平，而没有种族歧视及阶级差别，是谓"大同"。当然这种境界是逐渐形成的，由"大一统"的政治统一过渡到社会性质的变迁。[1]

① 杨向奎：《大一统与儒家思想》，199页，北京，中国友谊出版公司，1989。

历史对人们总是具有深刻的启示作用。对于中国人民来说，中国历史上的历史文化认同的传统和大一统思想的传统的启示作用的力量是无比巨大的。在中国历史上，也存在着与各族历史文化认同趋势相悖的言论和思想，但历史已经证明，这些言论和思想并不符合与顺应中国历史发展的潮流。应当强调的是，19世纪中期以后，中国受到殖民主义、帝国主义的侵略，令国人震惊，眼界和思想由此都发生了极大的变化，国家观念、疆域观念、民族观念、文化观念等也都发生了极大的变化，中华民族的历史文化认同的优良传统从而进入了一个新的发展阶段。这个新的发展阶段的主要标志，是在多民族的历史文化认同的基础上产生了"高一层次的民族认同意识，即共休戚、共存亡、共荣辱、共命运的情感和道义"。这个"多元一体格局"中的"高层"，就是伟大的中华民族。①

---

① 参见费孝通主编：《中华民族多元一体格局（修订本）》代序，13页，北京，中央民族大学出版社，1999。

第六讲
从正史修撰看民族交融的历史进程*

在中国古代历朝所修的正史中，唐朝初年所修八史即《梁书》《陈书》《北齐书》《周书》《隋书》《晋书》《南史》《北史》和元朝后期所修《辽史》《金史》《宋史》，是在朝廷主持下的两次大规模修史活动的成果。其修撰所得共十一部正史，近于今日所见"二十四史"的半数。从唐代史家撰成《南史》《北史》的显庆四年（659年），到元代史家撰成《宋史》的至正十五年（1355年），前后相距近7个世纪。唐修八史是对两晋南北朝时期朝代史的修撰或

＊　本文原刊于《光明日报》2021 年 8 月 23 日。

重修、改撰，元修三史是对辽宋夏金元时期辽、金、宋三朝历史的修撰，二者都是在国家统一局面下完成的。从史学角度看历史，将其两两比较，启发颇多。

一、唐修八史怎样看待民族关系

唐修八史大致分为三个阶段：贞观十年（636 年）修成梁、陈、北齐、北周、隋"五代史"纪传，贞观二十二年（648 年）重修《晋书》完成，显庆四年李延寿改撰南北朝八朝正史为《南史》《北史》杀青。

武德五年（622 年），唐高祖接受大臣令狐德棻的建议，下《命萧瑀等修六代史诏》，这是目前所见到的中国封建社会的较早的修前朝史诏书。诏书凡三百余字，包含这样几个要点：首先，指出史书的惩劝、鉴戒作用，其要义在于"多识前古，贻鉴将来"。其次，指出自周、秦迄于晋、宋，"载笔备焉"，这是回顾历史撰述的成就。最后，指出自东晋以来，北方的魏、北齐、北周、隋与南方的梁、陈六朝"简牍未修，纪传咸缺""余烈遗风，泯焉将坠""顾彼湮落，用深叹悼，有怀撰录，实资良直"，表明了对修撰"六代史"的关切。诏书还对"六代史"的修撰人选作了安排，并强调修史原则是"务在加核，博采旧闻，义在不刊，书法无隐"。①

这是一道文字简约、内容丰富的修史诏书。从时间上看，当时全国尚未安定，修史人员大多是朝廷要员，难得集中精力修史，故历数年而未果。但是，这道诏书的意义十分突出：一是对南北朝各朝历史作同等看待，都给予肯定；二是奠定了此后修史的恢宏格局。

贞观三年（629 年），唐太宗设史馆于禁中，重新开始"六代史"的修撰事宜。于是，史臣们展开了一次很重要的讨论，并达成共识："众议以魏史既有魏收、魏澹二家，已为详备，遂不复修。"②这表明，唐太宗君臣对北齐史家魏收所撰以东魏为正统的《魏书》和隋代史家魏澹

---

① （宋）宋敏求编：《唐大诏令集》卷八一，466 页，北京，中华书局，2008。
② （后晋）刘昫等：《旧唐书》卷七三《令狐德棻传》，2598 页，北京，中华书局，1975。

所撰以西魏为正统的《魏书》（已佚）都予以认可。这与唐高祖的"修六代史诏"原则上是一致的，即认为对于以鲜卑拓跋部贵族为主建立的北魏王朝的历史和其他王朝的历史应作同等看待。在这种共识之下，由唐高祖提出的修"六代史"也就改为修"五代史"了，其成果便是姚思廉的《梁书》《陈书》，李百药的《北齐书》，令狐德棻、岑文本等的《周书》，魏徵等的《隋书》。

从民族关系及相关认识来看，唐初所修撰的"五代史"与南北朝时沈约所撰《宋书》、萧子显所撰《南齐书》、魏收所撰《魏书》有显著的不同。《宋书》《南齐书》涉及北朝史事称"魏虏"，《魏书》涉及南朝史事则称"岛夷刘裕""岛夷萧道成""岛夷萧衍"（按指南朝宋、齐、梁三朝）①。这种南北互相歧视的认识与称说，在"五代史"中都有所改变，不论是《梁书》《陈书》涉及北朝史事，还是《北齐书》《周书》《隋书》涉及南朝史事，多

---

① 参见（北齐）魏收：《魏书》卷九七《刘裕传》，2129 页，卷九八《萧道成传》，2161 页，卷九八《萧衍传》，2172 页，北京，中华书局，1974。

书为国号加"帝"或国号加官称与人名，显示出政治大一统形势下的修史格局和书写体例。

"五代史"中还有一个值得关注的地方，即认为北周先人出于炎帝后裔。《周书》卷一《文帝纪上》记载说："太祖文皇帝姓宇文氏，讳泰，字黑獭，代武川人也。其先出自炎帝神农氏，为黄帝所灭，子孙遁居朔野……其俗谓天曰宇，谓君曰文，因号宇文国，并以为氏焉。"[1] 这段记述明确表明北周统治者的先人是炎帝之后，以及其与鲜卑部落的关系。这一认识或许与隋承北周而唐又承隋有关，难免有传说的成分，但无论如何，唐代史臣认为鲜卑族宇文部先人与炎黄有关。

当"五代史"修撰成功之时，唐太宗对大臣们说了这样一番话以明心志："朕睹前代史书，彰善瘅恶，足为将来之戒。秦始皇奢淫无度，志存隐恶，焚书坑儒，用缄谈者之口。隋炀帝虽好文儒，尤疾学者，前世史籍竟无所

① （唐）令狐德棻等：《周书》卷一《文帝纪上》，1页，北京，中华书局，1971。

成，数代之事，殆将泯绝。朕意则不然，将欲览前王之得失，为在身之龟镜。公辈以数年之间，勒成五代之史，深副朕怀，极可嘉尚。"①唐太宗这是把是否重视史学作为评价皇帝的一个标准，进而表明了他对史学的重视。

"五代史"修成后十年，即贞观二十年（646年），唐太宗下达《修晋书诏》。诏书首先强调了史学的功用，认为："发挥文字之本，通达书契之源，大矣哉，盖史籍之为用也！"并肯定了新撰梁、陈、北齐、北周、隋"五代史"的成就："莫不彰善瘅恶，激一代之清芬；褒吉惩凶，备百王之令典。"接着笔锋一转，对前人所撰十八家晋史予以尖锐批评，认为它们"虽存记注，而才非良史，事亏实录"，有的"绪烦而寡要"，有的"滋味同于画饼"，有的"不预于中兴"，有的"莫通于创业"，有的"略记帝王"，有的"才编载记"②等。概言之，这些都不是完全

---

① （宋）王钦若等编纂，周勋初等校订：《册府元龟》卷五五四《国史部·恩奖》，6348页，南京，凤凰出版社，2006。

② （宋）宋敏求编：《唐大诏令集》卷八一，467页，北京，中华书局，2008。

意义上的晋史，故而"遐想寂寥，深为叹息"。这些话反映出唐太宗晚年决定命史官"更撰《晋书》"的原因，"更撰"的要求是"铨次旧闻，裁成义类，俾夫湮落之诰，咸使发明"。①

如果说唐高祖的《命萧瑀等修六代史诏》是现知较早的修前朝史诏书的话，那么唐太宗的《修晋书诏》便是目前所能见到的对已有的前代史批评最严厉的修前朝史诏书了。诏书中除了指出旧有晋史的种种弊端外，还有这样两句话值得格外关注，即"不预于中兴""莫通于创业"。这至少可以表明，唐太宗希望修撰出一部能避免诏书中所指出的那些缺点和不足之处的完整的两晋史。今观贞观二十二年（648 年）完成的唐修《晋书》，除有完整的纪、志、传外，还有记述匈奴、鲜卑、羯、氐、羌等族所建"十六国"史的载记。可见，唐修《晋书》是符合唐太宗的要求的。值得注意的是，唐太宗还亲自为《晋书》写了

① （宋）宋敏求编：《唐大诏令集》卷八一，467 页，北京，中华书局，2008。

四篇史论，故《晋书》曾一度题为"御撰"。

此后，显庆四年，史官李延寿撰成《南史》《北史》，奏上朝廷，唐高宗亲自为之作序（序文已佚）。李延寿用"抄录"和"连缀"旧史而"除其冗长，捃其菁华"的方法，以宋、齐、梁、陈四朝之史合为《南史》纪传80卷，以魏、北齐、北周、隋四朝之史合为《北史》纪传100卷。这里需要强调的是，李延寿撰《南史》《北史》是继承了他父亲李大师的遗志。李大师"少有著述之志，常以宋、齐、梁、陈、魏、齐、周、隋南北分隔，南书谓北为'索虏'，北书指南为'岛夷'。又各以其本国周悉，书别国并不能备，亦往往失实。常欲改正，将拟《吴越春秋》，编年以备南北。"①尽管李延寿所撰《南史》《北史》并未采用编年体的形式，而是仿照《史记》纪传体通史的形式加以撰述的，但重要的是，李延寿在撰述主旨上继承了李大师的思想，摒弃了"索虏""岛夷"这种民族对立、南北

---

① （唐）李延寿：《北史》卷一〇〇《李大师传》，3343页，北京，中华书局，1974。

互相诋称的办法，与"五代史"纪传保持一致，纠正了旧史中存在的一些曲笔。《南史》《北史》采用互见法，使其各具"以备南北"的作用，被宋人司马光称赞为"近世之佳史"①。

综上，唐修八部前朝史除撰写了各朝兴亡得失、人物风貌、典章制度、经验教训外，有三个突出特点：肯定以各少数民族贵族为主体所建立的政权的历史地位；认为北周先人出于炎帝之后；改变南北朝时期所撰三部正史即《宋书》《南齐书》《魏书》中南北互相诋毁的撰述立场，以南北分割取代民族对立的叙事格局。这是民族关系认识上的重大进步。

二、元修三史怎样看待正统观念

唐代高祖、太宗、高宗三朝用 30 多年的时间，先后

---

① （元）马端临：《文献通考》卷一九二《正史》，5582 页，北京，中华书局，2011。

修撰成《梁书》《陈书》《北齐书》《周书》《隋书》《晋书》《南史》《北史》，使西晋陈寿所撰《三国志》和南朝范晔所撰《后汉书》以降历朝正史得以齐备。这是盛唐官修史书的重大成就。

相较于唐修八史，元修三史经历了较长的岁月。如果说唐太宗时史臣同时修撰梁、陈、北齐、北周、隋"五代史"是一大史学工程的话，那么元朝史臣同时修撰辽、金、宋三朝正史也可称得上是一大史学工程。

早在元世祖即位之初，已有修撰辽、金二史的动议。大臣王鹗向元世祖建议："自古帝王得失兴废，班班可考者，以有史在。我国家以威武定四方，天戈所临，罔不臣属，皆太祖庙谟雄断所致。若不乘时纪录，窃恐岁久渐至遗忘。金实录尚存，善政颇多；辽史散佚，尤为未备。宁可亡人之国，不可亡人之史。若史馆不立，后世亦不知有今日。"元世祖"甚重其言，命修国史，附修辽、金二史"。[①] 这一情形，同唐初令狐德棻向唐高祖提出修撰前

---

① （元）苏天爵：《元朝名臣事略》卷十二，239 页，中华书局，1996。

朝史的建议有太多相似之处。这与其说是一种"巧合"，
毋宁说是中国史学传统之规律性的反映。

元灭南宋后，元修前朝史乃扩展为修撰辽、金、宋三
史，但均"未见成绩"[①]。究其原因，据时人所论，主要是
元朝与辽、金、宋三朝的关系难以确定，说到底是元朝
以何朝为正统的问题。时人有两种主张：一种是仿唐修
《晋书》体例，以宋为正统，辽、金为载记；另一种是效
法《南史》《北史》的做法，北宋为宋史，南宋为南宋史，
辽、金为北史。[②] 正统难定，撰述受阻。值得注意的是，
元世祖之后，元仁宗、元英宗、元文宗三朝也都十分关注
辽、金、宋三史的修撰事宜。出于同样的原因，即"分合
论正统，莫克有定"[③]，直至元顺帝时，大臣嵬嵬、脱脱先
后再次奏请修撰三史事。至正三年（1343 年），元顺帝发

① （明）宋濂等：《元史》卷一八一《虞集传》，4179 页，北京，中华书局，1976。
② （元）陶宗仪撰，武克忠、尹贵友校点：《南村辍耕录》卷三，34 ～ 39 页，济南，
  齐鲁书社，2007。
③ （元）虞集：《送刘叔熙远游序》，见《文渊阁四库全书》第 1207 册，462 页，
  台北，"台湾商务印书馆"，1983。

布了《修三史诏》，诏书写道：

　　这三国为圣朝所取制度、典章、治乱、兴亡之由，恐因岁久散失，合遴选文臣，分史置局，纂修成书，以见祖宗盛德得天下辽、金、宋三国之由，垂鉴后世，做一代盛典。交翰林国史院分局纂修，职专其事。集贤、秘书、崇文并内外诸衙门里，著文学博雅、才德修洁，堪充的人每斟酌区用。纂修其间，予夺议论，不无公私偏正，必须交总裁官质正是非，裁决可否。遴选位望老成，长于史才，为众所推服的人交做总裁官。这三国实录、野史、传记、碑文、行实，多散在四方，交行省及各处正官提调，多方购求，许诸人呈献，量给价直，咨达省每，送付史馆，以备采择。①

　　这道诏书最重要的思想观点在于：指出元朝"所取

---

① （元）脱脱等：《辽史》附录《修三史诏》，1554 页，北京，中华书局，1974。

制度、典章、治乱、兴亡之由"均来自辽、金、宋三朝，
说明元与辽、金、宋的继承关系；诏书只讲朝代称谓辽、
金、宋，不讲民族界限，比之于唐修八史，又有所变化；
与此相联系的是，强调元朝"祖宗盛德得天下辽、金、宋
三国之由"，突出了元朝祖宗的"盛德"，也委婉地表明
了元朝皇帝的正统观念。此外，诏书还就修史机构、史官
选任、修史原则、文献征集等事宜作了明确的指示。

值得注意的是，根据《修三史诏》而制订的《三史
凡例》简明而易操作，其首条规定："三国各史书法，准
《史记》《西汉书》《新唐书》。各国称号等事，准南、北
史。"其末条强调："疑事传疑，信事传信，准《春秋》。"①
从凡例所举出的这几部书可见两汉、唐宋以来史学传统影
响的深远，《南史》《北史》的书法对于辽、金、宋三史中
涉及史事交叉者尤具借鉴意义，显示出大一统政治形势下
历史撰述应有的格局。其余各条对志、表、列传的书法

---

① 以上均见（元）脱脱等：《辽史》附录《三史凡例》，1557 页，北京，中华书局，
　　1974。

一一作了说明。自此，元修三史步入正轨，这上距修撰
辽、金二史之议已有近80年了。

至正四年至五年（1344—1345年），元朝史官在前
人有关撰述的基础上，将辽、金、宋三史先后撰成、刊印
并奏进。面对三史，元顺帝对大臣阿鲁图等说："史既成
书，前人善者，朕当取以为法，恶者取以为戒，然岂止激
劝为君者，为臣者亦当知之。卿等其体朕心，以前代善恶
为勉。"[1] 这一番话可谓语重心长，反映了元顺帝希望大臣
们能够同他一样以史为鉴，共同维护元朝统治的心情。若
以元顺帝的这些话同前引唐太宗在"五代史"修成后向大
臣们说的话相比较，唐太宗只是强调了史学对皇帝的启示
作用，而元顺帝认为史书不只是"激劝"皇帝善者为法、
恶者为戒，大臣们也应当"以前代善恶为勉"，进一步
指出了修撰前朝正史对于整个统治集团的重要意义。尽
管此后只过了20多年元朝就灭亡了，但元顺帝时完成了

---

[1]　（明）宋濂等：《元史》卷四一《顺帝本纪四》，873～874页，北京，中华书局，
1976。

辽、金、宋三史的修撰以及他对修史价值的认识是有积极
意义的。

后人对元修三史多有批评，评价平平。然辽、金二史
反映出了民族史学及辽、金两朝制度的若干特点，在中国
多民族历史发展上仍有其重要地位。而《宋史》虽浩繁、
多歧异，但保存了较多的宋人记载和撰述，是值得肯定的。
概论之，辽、金、宋三史各具成就，自有其存在的价值。

三、正史修撰与民族交融进程

唐修八史和元修三史，都是修撰前朝史的重大举措。
二者相比较有何异同？这些异同具有何种意义？这都是值
得深入思考的问题。

第一，关于对修撰前朝史的认识。唐高祖在《命萧瑀
等修六代史诏》中不无感慨地指出"然而简牍未修，纪传
咸缺，炎凉已积，谣俗还讹，余烈遗风，泯焉将坠""顾

彼湮落，用深叹悼"①等，这同元顺帝《修三史诏》起首所说"这三国为圣朝所取制度、典章、治乱、兴亡之由，恐因岁久散失，合遴选文臣，分史置局，纂修成书"②云云有颇多相似之处。

第二，关于对史学传统观念的认识与继承。《命萧瑀等修六代史诏》表明，要继承从"伏羲以降"迄于晋、宋的修史传统。而《三史凡例》虽非出自元顺帝，但当得到其认可才能得以施行，其中明确讲到修史体例要以《史记》《汉书》《新唐书》《南史》《北史》为参照、以《春秋》为准则。二者也包含着很多相通之处。

第三，关于对史学功用的认识。贞观十年"五代史"修成，唐太宗批评秦始皇、隋炀帝蔑视史学的行为，表明自身旨在"览前王之得失，为在身之龟镜"③的态度，元顺帝则在三史修成后希望大臣们"其体朕心，以前代善恶为

---

① （宋）宋敏求编：《唐大诏令集》卷八一，466 页，北京，中华书局，2008。
② （元）脱脱等：《辽史》附录《修三史诏》，1554 页，北京，中华书局，1974。
③ （宋）王钦若等编纂，周勋初等校订：《册府元龟》卷五五四《国史部·恩奖》，6348 页，南京，凤凰出版社，2006。

勉"①，反映出他们对史学功用的认识一致。

　　第四，关于对民族关系的认识。唐高祖《命萧瑀等修六代史诏》、唐太宗《修晋书诏》都显示出对以少数民族贵族为主体所建政权的史事的肯定，唐太宗时修成的"五代史"抛弃了南北朝时所修正史中南北相互诬称、诋毁的做法，而以南北分割取代民族对立，同时还考证了北周的先人为炎帝后裔。继而李延寿撰《南史》《北史》摒弃了"岛夷"与"索虏"的说法，以相对平等的立场和口吻撰写南北朝史。所有这些，都显示出唐代"天下一家"的思想体现在正史撰述上的新气象。作为一个民族众多、疆域辽阔的朝代，元朝在撰述前朝史的过程中涉及契丹、女真、汉、蒙古等多个民族，同样面临着如何看待和处理民族和民族关系的问题。通观辽、金、宋三史修撰的酝酿和撰述过程，元朝君臣未曾在民族和民族关系方面提出过尖锐的看法，而是以平常的口吻讨论三史，显示出宏大的气

①　（明）宋濂等：《元史》卷四一《顺帝本纪四》，874 页，北京，中华书局，1976。

度和胸怀。元朝史臣曾言："我世祖皇帝一视同仁，深加愍恻。尝敕词臣撰次三史，首及于辽。"[1] 就修撰三史而言，此话并非夸张之辞。元朝史臣对辽、金、宋三朝朝政的评价似以辽为较高，金次之，宋又次之。从元与三朝的关系来看，这个评价是很自然的。

第五，关于对"正统"观念的认识和处置。武德四年（621年），令狐德棻向唐高祖建议修撰前朝史，认为："陛下既受禅于隋，复承周氏历数，国家二祖功业，并在周时。如文史不存，何以贻鉴今古？如臣愚见，并请修之。"[2] 这里包含着极鲜明的"正统"观念，正符合出身于门阀士族的唐高祖的要求。再看元修三史，虽在"正统"问题上纠结多年，也提出了多种方案，但元顺帝最终的决定超出了时人的种种见解，对辽、金、宋三朝作同等看待。这种各与"正统"的做法不仅是对此前"正统"观念

---

[1] （元）脱脱等：《辽史》附录《进辽史表》，248页，北京，中华书局，1974。

[2] （后晋）刘昫等：《旧唐书》卷七三《令狐德棻传》，2597页，北京，中华书局，1975。

的突破，而且也显示出统一的元朝在政治上的自信和对待历史的审慎。

在上述五个方面，唐修八史和元修三史都有相同或相近之处，这是值得认真关注和深入思考的。从民族关系史的发展来看，如果说唐修八史反映了魏晋南北朝时期民族的迁移和交往交流交融的历史面貌的话，那么元修三史则是反映了辽、金、宋三朝相互间民族关系的面貌。在中国封建社会历史上，皇家修撰前朝正史既是政治权力的一种表现，也是对待历史的一种责任，这种观念在唐、元两个王朝修撰前朝正史的活动中表现得尤为突出。而其源自中国历史发展本身，同时也是对中国史学传统的继承和发展。这就是为什么虽然唐修八史是在以汉族贵族为主体所建的唐王朝主持下进行的，而元修三史是在以蒙古贵族为主体所建的元王朝主持下进行的，却会出现上述许多相同或相近之处。诚然，透过现象看本质，其理自明，即这种"不同"只是形式上或名称上的区别，而本质上二者在各方面的诉求已无明显差别，或者说是越来越接近了。这一历史现象出现的内在原因，首先是各民族间历史文化认同趋势的新发展所推动的，其次是各民族间交往交流交融趋势的新发展所推动的，最后是全国政治形势从分裂走向统一趋势的新发展所推动的。皇家主持下的修撰正史活动，从多方面折射出人们对历史、现实、政治、文化、民族及民族关系的认识。唐修八史和元修三史在史学层面上反映了中国各民族间交往交流交融的历史进程，饱含着中华民族共同体形成过程中的丰富信息和深厚底蕴。

第七讲

中国史学：中华民族一个共有的精神家园 *

中国史学有悠久的历史和优良的传统，包含着丰富的内容，积淀着宝贵的历史经验和历史智慧，洋溢着自强不息、革新进取的精神，蕴含着深刻的忧患意识和历史教育的自觉意识，记录了统一多民族国家的伟大历史。这一幅宏伟的历史画卷，展现出生机勃勃的中华民族一个共有的精神家园。

我们感到庆幸的是，在漫长的年代里，我们的先人不

* 本文原刊于《炎黄文化研究》第 8 辑，郑州，大象出版社，2008。内容略有改动。原题为《中国史学：中华民族一个共有的精神家园（论纲）》。

仅给我们留下了浩如烟海的历史典籍，也给我们留下了许多箴言和启示：

——《易经》告诉我们，要"自强不息""厚德载物""君子以多识前言往行，以畜其德"①。

——司马迁告诉我们："居今之世，志古之道，所以自镜也"②；他写出了第一部翔实的通史，是为了"究天人之际，通古今之变，成一家之言"③，为了"述往事，思来者"④；他告诫后人，对于历史要"好学深思，心知其意"⑤。

——唐代史学批评家刘知幾以深邃的史学思想指出一个真理：由于"史官不绝，竹帛长存"，后人方能"见贤

① 分别见（清）阮元校刻：《十三经注疏·周易正义》卷一《乾卦》，24 页，卷一《坤卦》，32 页，卷三《大畜》，81 页，北京，中华书局，2009。
② （汉）司马迁：《史记》卷一八《高祖功臣侯者年表》，878 页，北京，中华书局，1982。
③ （汉）班固：《汉书》卷六二《司马迁传》，2735 页，北京，中华书局，1962。
④ （汉）司马迁：《史记》卷一三〇《太史公自序》，3300 页，北京，中华书局，1982。
⑤ （汉）司马迁：《史记》卷一《五帝本纪》，46 页，北京，中华书局，1982。

而思齐，见不贤而内自省"①，提醒人们在历史的长河中，做一个贤者。他还写下了掷地有声的几句话："史之为用，其利甚博，乃生人之急务，为国家之要道。"②他把史学经世致用同人民和国家紧密地联系在一起。

——宋代史学家司马光主编的宏伟著作《资治通鉴》的主旨，概括起来，就是以"关国家盛衰，系生民休戚，善可为法，恶可为戒"③的史事入史。这两句话，从"通"和"鉴"的意义上说，它可以超越时空而产生巨大的思想震撼，使后人沉思不已，并奋起而有所作为。

——清初史学家王夫之不仅读了《资治通鉴》，而且"读懂"了中国历史，在此基础上写了一部《读通鉴论》。在他看来，《资治通鉴》这部书包含着"国是""民情""边防"，以及士人行为准则、学人品格要求等，而

---

① （唐）刘知幾著，（清）浦起龙通释，王煦华整理：《史通通释》卷——《史官建置》，280～281 页，上海，上海古籍出版社，2009。

② （唐）刘知幾著，（清）浦起龙通释，王煦华整理：《史通通释》卷——《史官建置》，281 页，上海，上海古籍出版社，2009。

③ （宋）司马光编著：《资治通鉴》附录《进书表》，9607 页，北京，中华书局，1956。

历史上的经验则是"得可资，失亦可资也；同可资，异亦可资也"①，这部书给后人留下的启示可谓多矣。

——清代思想家、政治家和史论家龚自珍，曾发出这样的感慨，"智者受三千年史氏之书，则能以良史之忧忧天下"，他还认为，学习历史，了解历史，是至关重要的事情，那就是"出乎史，入乎道，欲知大道，必先为史"②，他这里说的"大道"，用今天的话来说，可理解为治国安邦之道，社会变革之道，就像他的诗所表达的那样"我劝天公重抖擞，不拘一格降人才"③，这反映出要求社会变革的思想。

——马克思主义史学家李大钊在 1924 年用李守常的笔名出版了一本名为《史学要论》的著作。在这部著作中，他强调现代史学对于人生态度的影响，他认为："历史中有我们的人生，有我们的世界，有我们的自己"，学

---

① （明）王夫之撰，舒士彦点校：《读通鉴论》卷末《叙论四》，956 页，北京，中华书局，1975。
② （清）龚自珍：《龚自珍全集》，7、81 页，上海，上海人民出版社，1975。
③ （清）龚自珍：《龚自珍全集》，521 页，上海，上海人民出版社，1975。

习和研究历史，就是我们"向历史中寻找人生、寻找世界、寻找自己的兴趣"。[1]

习近平总书记指出："必须构筑中华民族共有精神家园。"[2] 中国史学是中华文化的一部分，也是中华民族共有精神家园的一部分，我们学习和研究中国历史，就是建设我们的精神家园，守护我们的精神家园。

一、史学与历史文化认同

在中国先秦时期的历史文献如《尚书》《诗经》《春秋》《左传》中，记载了中国古代各民族交往的历史。《尚书·牧誓》记周武王伐纣，就有许多古代民族或部族参与其役。《左传》一书以大量的文字记述了春秋时期诸华（亦称诸夏）与东夷、南蛮、西戎、北狄相互冲突交往、融合

[1]　中国李大钊研究会编注：《李大钊全集（最新注释本）》第 4 卷，446 页，北京，人民出版社，2006。
[2]　《习近平著作选读》第 2 卷，509 页，北京，人民出版社，2023。

的过程，这个过程往往以征伐、会盟、通婚的形式出现。[①]
到了西汉时期，伟大的史学家司马迁在国家大一统的政治
局面和历史条件下，在《史记》中清晰地描述了中原及周
边各民族的历史，从而展现出了统一多民族国家的盛大气
象。[②]他经过认真考察、抉择历史文献，以《五帝本纪》
作为《史记》的开篇，揭开了以黄帝作为中华文明始祖的
历史舞台的序幕，为后世历代史家不断续写中华民族的历
史奠定了基础。

　　司马迁撰写多民族统一国家的历史，为后人所认同，
《汉书》《后汉书》《三国志》都在不同程度上仿效《史
记》的做法。尤其值得提出的是：唐代政治家和史学家不
满意前人所撰的多种晋史，于是在新修《晋书》中专立
"载记"，以记述北方匈奴、鲜卑、羯、氐、羌先后建立
的"十六国"的历史。他们在撰写的《隋书·经籍志》史
部中，还列出"霸史"一类，著录"十六国"时期的史官

---

① 　参见瞿林东：《论春秋时期各族的融合》，载《学习与探索》，1981（1）。
② 　《史记》中所写的周边各族传记包括《匈奴列传》《西南夷列传》《南越列传》《东
　　越列传》《朝鲜列传》《大宛列传》。

们所修的"国史",并在"霸史"类的小序中称赞说:"其君臣忠义之节,经国字民之务,盖亦勤矣。而当时臣子,亦各记录。"[①]与此同时,唐代政治家和史学家们把撰写的《周书》和《北齐书》纳入正史范围,同时又认同魏收撰写的《魏书》(以东魏为"正统")和魏澹撰写的《魏书》(以西魏为"正统")的"正史"地位。这可以看作是继秦汉大一统政治局面下出现《史记》《汉书》巨著之后,在隋唐大一统政治局面下所出现的撰写"正史"的高潮,而撰述统一多民族国家的历史乃是史学家们的重要宗旨之一。

元修宋、辽、金三史,承认宋、辽、金三朝"各与正统",显示了蒙古族贵族为主的统治集团的政治气度,而这个气度正是建立在认同三朝政治统治的"合法性"和历代相传的修史传统的基础上。清修《明史》,其情形大致与此相近,只是满族贵族在历史认同即所谓"治统"和文化认同即所谓"道统"方面,有更高的自觉性和更广泛、

---

① (唐)魏徵等:《隋书》卷三三《经籍二》,964页,北京,中华书局,1973。

更有效的积极措施，其中就包含清朝诸帝对黄帝陵、炎帝陵的祭文所反映的历史文化认同观念。

可见，历史认同和文化认同的优良传统，是形成中华民族共有精神家园的前提和基础。

二、史学与历史经验

史学的一个重要功能，是从对于历史的描述中，以各种不同的形式总结人们在历史活动中的经验教训。这些经验教训涉及人们社会生活的许多方面，其中以涉及政治上的得失成败最为史学家所关注，这也是政治家、思想家极为关注的问题。古往今来，人们常说的"以史为鉴"，前人在治国安邦方面的得失成败以及国家的治乱盛衰之故，当是一个重要内容。许多事实证明，史学中包含的历史经验影响到政治决策，反映出历史经验、历史见识运用于政治活动的重要价值。然而，历史经验的价值并不仅限于此，它有丰富的内涵和广泛的表现。

　　在中国古代史学上，"两司马"即司马迁和司马光有重大的影响，无疑有很多原因。第一个原因，《史记》和《资治通鉴》是两部规模宏大的通史，对历史进程都有全面的描述和评论，是其他史书不能相比的。第二个原因，《史记》是纪传体通史的开山，《资治通鉴》首创了严谨的编年体通史，这也是其他史书无法比拟的。第三个原因，"两司马"文采飞扬，具有超出一般史家的精彩史笔，把历史表述得"飞动"起来，这是许多史家都赶不上的。第四个原因，也可以说是一个主要原因，是《史记》和《资治通鉴》在总结历史经验方面，深刻而周详，是一般史书难以达到的。

　　在中国历史上，一些有识之士能够自觉地重视史学，并从中汲取治国安邦的历史经验。这在历代君主中也不乏其人，而唐太宗可以说是一个突出的代表。从这个角度来看待唐太宗及相关历史人物，可以透视出史学对于政治家的重要性。

三、史学与历史智慧

历史是无情的，也是无私的。历史无情，是因为任何人都不能阻挡历史潮流的前进；历史无私，是因为它总是一如既往地给一代代人留下宝贵的遗产和丰富的智慧。古往今来，许多有识之士都懂得这些遗产和智慧，对于人们从事现实的与未来的创造活动具有非常重要的价值和意义。

人类创造了自己的历史，创造了物质财富和精神财富。而智慧，即人们认识、辨析、判断、处理事情和发明创造的能力，亦可简称为人们的才智、智谋，则是精神财富的重要部分。这些智慧，一方面可以通过大量的物质财富折射出来；另一方面又可以以精神产品的形式积累和传承。可以这样说：历史是人类智慧的源泉。对于这一点，中国古代学人，尤其是中国古代史家，从很早的时候起就有十分自觉的认识。史官制度设立之早，就是很好的明证。而从《史记》《汉书》这两部较早出现的"正史"来看，它们所包含的内容及蕴藏的智慧是极为丰富的。在唐初，人们对史官的规范性要求更为明确。这个要求就是："必求博闻强识、疏通知远之士，使居其位，百官众职，咸所贰焉。是故前言往行，无不识也；天文地理，无不察也；人事之纪，无不达也。"① 可见，史官要把前人在社会历史中的创造活动，尤其是在这种创造活动中所积累的各方面的智慧总结出来，记载下来，是多么艰难而崇高的事业。如此看来，在历史运动和历史智慧积累之间，史官发挥了十分重要的作用。从这个意义上看，史官受到公众、社会和国家的重视，是很自然的。

值得注意的是，一方面，历史智慧是同现代科学知识、认识能力相对而言的。正如人们不应当割断历史一样，人们不应当、也不可能割断历史智慧同现代科学知识、认识能力的联系。另一方面，历史智慧，作为前人创造出来的精神财富之一，它的生命力是永存的。如果说人

① （唐）魏徵等：《隋书》卷三三《经籍二》，992 页，北京，中华书局，1973。

们"多识"的途径最初是依靠口耳相传的话，那么在有了历史记载和历史撰述以后，在史书中汲取前人的道德、智慧就成了主要的途径之一。

史学有多方面的社会功能，而取之不尽、用之不竭地向人们提供历史智慧，正是极其重要的一个方面。

四、史学与民族精神

中国先民在长期的社会实践和思想认识发展中，形成并总结出了中华民族的民族精神，这主要表现在：自强不息、革新进取、与时俱进、居安思危这几个方面。

古人说："天行健，君子以自强不息。"[1]这句话最能代表中华民族的民族精神，因为一个民族只有"自强"，才能生生不息，繁衍壮大。当我们讲述夏禹治水的传说、重温《尚书·盘庚》篇殷朝迁都的艰难历程，吟诵《诗

---

[1] （清）阮元校刻：《十三经注疏·周易正义》卷一《乾卦》，24 页，北京，中华书局，2009。

经·大雅·公刘》的诗句而知周部落经历的苦难和走向新
生的时候，或许就会感受到"自强不息"这四个字具有多
么顽强的生命力。同时，历史的发展又总是同革新进取相
联系的。古人说的"苟日新，日日新，又日新"[1]，正是在
不断的革新进取中实现的。我们从西周初年的诸多诰文
中，可知周公进行了许多改革：春秋战国时期是改革的大
时代，田氏代齐、三家分晋、商鞅变法等，都是改革史上
的大事；此后，秦皇、汉武、唐宗、宋祖等，都在进行改
革，而人民则是推动这些改革的社会力量。正因为如此，
中国封建社会的前期和中期，创造了那个时期世界上最辉
煌的文明。革新进取带来社会的变化和进步，而从历史的
长河来看，中华民族从不安于现状，而是努力求变，所
谓"通其变，使民不倦"[2]，说明"通变"是人民的要求。
适应这种要求的人便被尊为"圣人"，而"圣人"本是与

[1]　（清）阮元校刻：《十三经注疏·礼记正义》卷六十《大学》，3632 页，北京，
　　中华书局，2009。
[2]　（清）阮元校刻：《十三经注疏·周易正义》卷八《系辞下》，180 页，北京，中
　　华书局，2009。

时俱进的人。对此，宋人苏轼曾做了这样的解释："圣人不能为时，亦不失时。时非圣人所能为也，能不失时而已。"① "圣人"能把握"时"或"时势"，故可与时俱进。相比之下，还是太史公司马迁的眼界更开阔一些，他写七十列传的宗旨是"扶义倜傥，不令己失时，立功名于天下"②。这就是说，"不令己失时"是许多人都能够做到的。当然，苏轼指出"时"是不可制造出来，人们只能去把握它，"抓住"它，与其一同前进，是很有意义的。

历史总是要进步的，在任何进步、任何成功的情况下，都应居安思危，保持清醒的忧患意识，这同样是中华民族民族精神的一个重要方面。孟子在与人们讨论治国、做人的问题时，讲了这样一段话："入则无法家拂士，出则无敌国外患者，国恒亡。然后知生于忧患而死于安乐也。"③ 意思是说，一个国家，从内部看没有有法度的大臣

① （宋）苏轼撰，王松龄校：《东坡志林》卷五，103 页，北京，中华书局，1981。
② （汉）司马迁：《史记》卷一三〇《太史公自序》，3319 页，北京，中华书局，1982。
③ （清）阮元校刻：《十三经注疏·孟子注疏》卷一二下《告子章句下》，6010 页，北京，中华书局，2009。

和堪为辅弼的人才，从外部看没有足以与之抗衡的敌国和外患，一般说来容易遭到灭亡。正因为如此，人们也就得了生于忧患而死于安乐这个道理了。所谓"生于忧患，死于安乐"的名言，就是从这里来的。千百年来，人们世世代代都传诵着、牢记着这句名言。

这句名言所包含的辩证思想和自警精神，经过长期的积淀，成了中华民族忧患意识的一个突出方面。一个社会的进步和发展，总不能脱离社会各个阶层的人们的认识和实践。人民群众是推动社会前进的伟大力量；而那些站在历史潮流前头思考问题，密切关注国家、民族、社会前途和命运的人们，他们的忧患意识和社会实践，对于社会的进步往往也起着至关重要的作用。

从史学家对于历史和现实的认识来看，常常反映出他们对于社会的前途、命运的忧患意识，这在很大程度上成为他们决心致力于历史撰述的一个思想基础。孟子说的"世衰道微，邪说暴行有作，臣弑其君者有之，子弑其父者有之。孔子惧，作《春秋》"①，其实就反映了孔子作《春秋》时的一种忧患意识。司马迁父子撰述《史记》的最初动机，是出于对史职的忠诚和执着。然而，当司马迁进入具体的撰述时，他的思想已不只是集中在"史文"问题上了，他对汉武帝统治下的社会前途表现出深深的忧虑。在司马迁的史笔之下，极盛时期的汉武帝统治面临着种种新的问题，显示出作者的忧患意识是多么的深沉。司马迁当然要秉承父亲的遗志，着重写出汉兴以来的"明主贤君"。可是当他考察了汉武帝统治时期的社会历史时，他就不能只是赞扬和称颂了，他的严肃的史学家的批判之笔也不能不时时要触到汉武帝本人。这同巴尔扎克所写的《人间喜剧》有一定的相似之处："当他让他所深切同情的那些贵族男女行动的时候，恰恰是这个时候，他的嘲笑空前尖刻，他的讽刺空前辛辣。"② 我们只要读一读《史记·封禅

① （清）阮元校刻：《十三经注疏·孟子注疏》卷六下《滕文公章句下》，5903页，北京，中华书局，2009。
② 《马克思恩格斯选集》第4卷，684页，北京，人民出版社，1995。

书》，就会感到司马迁的嘲笑和讽刺是何等的尖锐与辛辣。这种嘲笑和讽刺正是对于"宗室有土公卿大夫以下，争于奢侈，室庐舆服僭于上，无限度"①的时尚之深深忧虑的集中反映。总之，从历史上看，居安思危确是中华民族宝贵的精神品质之一。

五、史学与爱国主义

史学既是民族教育的教科书，无疑它也是爱国主义的教科书。对此，我们可以从这几个方面来认识。

第一，中国有五千年文明史，而且是世界上几大文明古国中唯一文明没有中断的伟大国家。这一文明传统及其各方面的优秀遗产，是中国各族人民的伟大创造，每一个中国人都因此而感到自豪。在当今，随着改革开放的事业不断取得新的成就，中国正在以更大的步伐走向世界，世

---

① （汉）司马迁：《史记》卷三〇《平准书》，1420页，北京，中华书局，1982。

界也在从各个方面走向中国，中华文明、中国文化已成为全世界人们十分关注和钦佩的对象。每一个中国人自应引为自豪，从而更加热爱自己的祖国。

第二，在世界历史进程上，中华文明曾在十多个世纪中走在世界文明发展的前列，并极大地影响了、推动了世界文明的进程，这是许多外国学人的共识。今天，我们每一个中国人重温这段辉煌历史的时候，并不是为了沉浸在过往的辉煌之中，而是从中得到这样一个重要的启示：中华民族曾经为世界文明的发展做出了伟大的贡献，现在和未来也同样会为世界文明的进程做出现时代应有的贡献。这是每一个中国人都应有的自信，都因此而更加热爱我们的祖国。

第三，近代以来至20世纪中华人民共和国成立以前，中国落后了，殖民主义、帝国主义纷至沓来，招致一个个不平等条约的签订、一寸寸国土的丢失，瓜分中国、占领中国成了侵略者的目标和梦想，但是中国并没有灭亡，而是在奋斗中挺立着，在"义勇军进行曲"中走向胜利、走向新生。百余年苦难和抗争的历史警醒中华民族，警醒每一个中国人：只有奋起自强，才能保卫我们的祖国，才能更深切地热爱我们的祖国。

这就是一部中国历史给我们每一个中国人的精神财富：自豪、自信、自强，是我们爱国主义思想境界中的三个巨大的精神支柱。

六、结　语

历史教育在过去和现在都是一个值得十分重视的问题。人们的现代意识、现代观念的增强和现代文明水准的提高，一方面包含着对历史传统的某些方面的否定，另一方面也包含着对于历史传统的某些方面的重新认识、评价、批判继承和发扬光大。如果可以这样来看待历史传统和现代文明的关系的话，那么，历史传统给予现代社会的人们的启示当然是不应当被忽视的，而作为历史传统之重要组成部分的古代史学之优秀遗产在历史教育中的作用，自亦有其不可忽视之处。

　　一个民族，总不能忘记自己的历史。这是因为，历史不仅可以说明一个民族的过往历程、现实状况，而且还可以指示它的未来方向。关于这一点，世界各国有不少史学家的看法是相同的或相近的。

　　这里，我们要强调的是，中国人对于历史教育的重要性，不仅很早就有了自觉的认识，而且始终受到重视，留下了许多嘉言懿行。春秋时期，楚国有位大夫叫申叔时，是中国历史上较早阐述以史书作为教育内容的贤者。他在楚庄王时论教导太子说："教之春秋，而为之耸善而抑恶焉，以戒劝其心；教之世，而为之昭明德而废幽昏焉，以休惧其动；教之诗，而为之导广显德，以耀明其志；教之礼，使之上下之则；教之乐，以疏其秽而镇其浮；教之令，使访物官；教之语，使明其德，而知先王之务用明德于民也；教之故志，使知废兴者而戒惧焉；教之训典，使知族类，行比义焉。"① 按三国吴人韦昭注所说："以天时纪

① 徐元诰撰，王树民、沈长云点校：《国语集解》卷一七《楚语上》，485～486页，北京，中华书局，2002。

人事，谓之春秋。""世，谓先王之世系也。""令，谓先王
之官法、时令也。""语，治国之善语。""故志，谓所纪前
世成败之书。""训典，五帝之书。"[1] 这里，除"五帝之书"
不可尽信外，其余各种多与史书有关，可以看作楚国早期
的历史文献和历史著作。由此可见，楚国君臣是较早地明
确指出了史书的教育作用，并将这一认识付诸实践。其
后，孔子整理"六经"以其传世，到了汉代立"五经"为
官学，以《诗》《书》《礼》《易》《春秋》为教学内容，其
中包含了丰富的历史教育，并成为中国古代历史上的传
统，直至明清。

　　近代以来，我们要特别提到李大钊对历史教育所做的
极其深刻而又非常形象的阐述，他这样写道："即吾人浏
览史乘，读到英雄豪杰为国家为民族舍身效命以为牺牲的
地方，亦能认识出来这一班所谓英雄所谓豪杰的人物，并
非有与常人有何殊异，只是他们感觉到这社会的要求敏锐

---

[1]　徐元诰撰，王树民、沈长云点校：《国语集解》卷一七《楚语上》，485～486 页，
　　北京，中华书局，2002。

些，想要满足这社会的要求的情绪热烈些，所以挺身而起为社会献身，在历史上留下可歌可泣的悲剧、壮剧。我们后世读史者不觉对之感奋兴起，自然而然的发生一种敬仰心，引起'有为者亦若是'的情绪，愿为社会先驱的决心亦于是乎油然而起了。"[①] 这些话，不只是具有一般的感召力量，还有一种深层的理性认识的力量，即由历史感和时代感相结合而产生的力量。历史教育，它是史学工作者和社会公众通过学习历史而获得启示、智慧、勇气和高尚情操的自我教育。历史教育在各种教育活动中具有最广泛的社会覆盖面，从普通公民到各级公务员，不分性别、年龄、民族、信仰，都可以而且应当是历史教育的对象，都能够从历史教育中得到许多教益。历史教育的这种广泛的社会覆盖面，是由历史教育内容的丰富性和广泛性所决定的。

中国史学记录着我们伟大国家、民族、人民的历史，

[①]　中国李大钊研究会编注：《李大钊全集（最新注释本）》第4卷，445～446页，北京，人民出版社，2006。

记录着我们所有先辈为推进中国社会历史的进步所进行的奋斗和遭受的苦难，记录着我们一代又一代前贤在认识历史、认识社会、认识自然的活动中所积累的真知灼见和经验、智慧，记录着古代和近代以来中国同世界许多国家与地区的交往，以及对世界文明进程的伟大贡献。在"振兴中华"成为十三亿中国各族人民伟大心声和坚定信念的今天，我们深深地感到，中国史学所记录的这幅宏伟的历史长卷，是这样的真切和激动人心，使我们感到历史和现实是这样紧密地联系在一起。正如一位伟大的政治家和哲人所说：中国人"要懂得些中国历史，这是中国发展的一个精神动力"①。尊重历史，重视史学，是我们每一个史学工作者的神圣责任，也是所有国民建设和守护这一共有的精神家园的光荣义务。在这个精神家园里，我们可以获得无穷无尽的精神动力。

---

① 《邓小平文选》第3卷，358页，北京，人民出版社，1993。

第八讲
中国历史上历史文化认同的
传统 *

中国自古以来是一个多民族国家，自秦汉以来更是一个不断发展的统一的多民族国家。这是一个客观存在，也是一个历史发展过程。我们今天来认识这个客观存在和历史发展过程，主要有两种考察方法：一种方法是考察历史上各民族的历史及各民族之间关系的历史，另一种方法是考察历史上人们在历史文化认同这个问题上的思想观念的历史。许多年来，学术界对前一种考察方法运用较多，并有一些研究成果面世，具有很高的学术价值和现实意义。

* 本文原刊于《河北学刊》2005 年第 3 期。

而对后一种考察方法，学术界运用较少，研究成果自然就要少一些，这是需要加强研究的方面。[①] 当然，这两种考察方法不是截然分开的，但考察的侧重点毕竟有所不同。鉴于上述情况，我们将运用后一种方法，进一步探讨中国历史上各民族历史文化认同的传统。

为了明确考察的对象和重点，我们可以在历史认同与文化认同两个领域进行探讨。这里说的历史认同主要指关于血缘、地理、治统的联系与认识，而文化认同主要指关于心理、制度、道统的影响与传承。这里说的治统主要指政治统治的继承性，而道统主要指思想传统的连续性。清顺治八年（1651 年），顺治皇帝祭告黄帝文中有这样的

---

① 参见国家民族事务委员会政策研究室编：《中国民族关系史论文集》（上、下），北京，民族出版社，1982；费孝通主编：《中华民族研究新探索》，北京，中国社会科学出版社，1991；黄爱萍、王俊义编：《炎黄文化与中华民族》，北京，中国人民大学出版社，1996；陈连开主编：《中国民族史纲要》，北京，中国财政经济出版社，1999；费孝通主编：《中华民族多元一体格局（修订本）》，北京，中央民族大学出版社，1999；翁独健主编：《中国民族关系史纲要》，北京，中国社会科学出版社，2001；以及林甘泉：《夷夏之辨与文化认同》，载《传统文化与现代化》，1995（3）；等等。

话："自古帝王，受天明命，维道统而新治统。圣贤代起，先后一揆。功德载籍，炳若日星。"[①]康熙元年（1662年），康熙皇帝"御制"祭黄帝文中也说："帝王继天立极，功德并隆，治统道统，昭垂奕世。"[②]由此可以看出，出身于满族的清朝皇帝也都表明，他们继承了黄帝以来的政治统治，同时也继承了周公、孔子以来的思想传统。话语看起来很简单，其实思想内涵无比丰富。用今天的观点，这可以看作是对历史认同与文化认同的高度概括。在中国历史上，这种认同有其久远的传统。

一、关于历史认同的传统

首先说血缘观念。先秦时期，血缘和政治的关系十分密切。人们的这种观念是跟传说中的黄帝、炎帝有关的。

---

① 李学勤、张岂之总主编：《炎黄汇典》第3册，387页，长春，吉林文史出版社，2002。

② 李学勤、张岂之总主编：《炎黄汇典》第3册，387页，长春，吉林文史出版社，2002。

春秋时期，晋国大夫司空季子（即胥臣臼季）在同晋公子重耳的一次谈话中讲道："凡黄帝之子二十五宗，其得姓者十四人为十二姓：姬、酉、祁、己、滕、箴、任、荀、僖、姞、儇、依是也。"又说："昔少典娶于有蟜氏，生黄帝、炎帝。黄帝以姬水成，炎帝以姜水成。"①这种观念当是先民口口相传，已有久远的历史了。汉武帝时，司马迁著《史记》，以《五帝本纪》开篇，而黄帝居五帝之首。他写道："黄帝二十五子，其得姓者十四人。"又说："自黄帝至舜、禹，皆同姓而异其国号，以章明德。故黄帝为有熊，帝颛顼为高阳，帝喾为高辛，帝尧为陶唐，帝舜为有虞。帝禹为夏后而别氏，姓姒氏。契为商，姓子氏。弃为周，姓姬氏。"②从司空季子到司马迁，广泛地传播了"炎黄"的观念，尤其是"黄帝二十五子"和"五帝""三王"（夏、商、周）的观念，都带有浓厚的血缘关系的色

---

① 徐元诰撰，王树民、沈长云点校：《国语集解》卷十《晋语四》，334～336页，北京，中华书局，2002。
② （汉）司马迁：《史记》卷一《五帝本纪》，45页，北京，中华书局，1982。

彩。联想到西周社会的特点，这种观念的流传也就顺理成章了。《左传·昭公二十八年》记："昔武王克商，光有天下，其兄弟之国者，十有五人；姬姓之国者，四十人，皆举亲也。夫举无他，唯善所在，亲疏一也。"①《礼记·礼运》也有明确的说法："故天子有田以处其子孙，诸侯有国以处其子孙，大夫有采以处其子孙，是谓制度。"②这些都是西周以至于春秋时期血缘与政治关系密切的社会特点。战国以降，尽管从商鞅变法到秦始皇改革，废分封而立郡县，但血缘关系的重要性却在人们的思想观念中长久地存在着。司马迁称："匈奴，其先祖夏后氏之苗裔也。"③唐初史家称：北周（鲜卑宇文部所建）文帝宇文泰，"其先出自炎帝神农氏"④；"稽胡一曰步落稽，盖匈奴别种"，

① （春秋）左丘明撰，（晋）杜预集解：《春秋左传集解》卷二六，754 页，南京，凤凰出版社，2015。
② （清）阮元校刻：《十三经注疏·礼记正义》卷二一《礼运》，3070～3071 页，北京，中华书局，2009。
③ （汉）司马迁：《史记》卷一一〇《匈奴列传》，2879 页，北京，中华书局，1982。
④ （唐）令狐德棻等：《周书》卷一《文帝纪上》，1 页，北京，中华书局，1971。

"库莫奚，鲜卑之别种"。[①] 又称："突厥者，盖匈奴之别种。"[②] 元朝皇家史馆修《辽史》时，碰到一个关于血缘观念的难题，史官们郑重而又睿智地作了处理，这就是：

> 庖牺氏降，炎帝氏、黄帝氏子孙众多，王畿之封建有限，王政之布濩无穷，故君四方者，多二帝子孙，而自服土中者本同出也。考之宇文周之《书》，辽本炎帝之后，而耶律俨称辽为轩辕后。俨《志》晚出，盍从周《书》。[③]

我们可以认为，这是元朝的史官们结合当时修史中碰到的问题，对约两千年前的司空季子和其后的司马迁、唐初史家们所持观念的极好的继承。同时，我们也从中看

---

① （唐）令狐德棻等：《周书》卷四九《异域传上》，896、899 页，北京，中华书局，1971。
② （唐）令狐德棻等：《周书》卷五十《异域传下》，907 页，北京，中华书局，1971。
③ （元）脱脱等：《辽史》卷六三《世表》，949 页，北京，中华书局，1974。

到，这一观念的传统对于书写统一的多民族国家的历史是多么重要。

其次说地理观念。人们都很熟悉《诗经·小雅·北山》中这句古老的诗："溥天之下，莫非王土；率土之滨，莫非王臣。"①《诗经》中还多有"四方之纲""四方为则""四方为纲""四方爰发""经营四方""日靖四方""于以四方"等诗句，这些都应与地理观念有关。联想到上述的血缘观念，我们可以看到这二者之间的联系。战国时期，人们用夏禹的名义提出了"九州"的观念，指出："九州攸同，四隩既宅。九山刊旅，九川涤源，九泽既陂。四海会同，六府孔修。庶土交正，厎慎财赋，咸则三壤成赋。中邦锡土姓，祗台德先，不距朕行。"又指出："东渐于海，西被于流沙，朔南暨声教，讫于四海。禹锡玄圭，告厥成功。"②所谓"九州"，是指冀、兖、青、徐、

---

① （清）阮元校刻：《十三经注疏·毛诗正义》卷一三《北山》，994 页，北京，中华书局，2009。
② （清）阮元校刻：《十三经注疏·尚书正义》卷六《禹贡》，323 页，北京，中华书局，2009。

扬、荆、豫、梁、雍，多为后来历代行政建置所沿用。这一观念的传统以及秦、汉王朝统一政治局面的出现，乃是司马迁、班固撰写成统一的多民族国家的历史的重要原因之一。在司马迁写出中原及周边各民族历史的伟大画卷后，班固在《汉书·地理志上》中宣称：

> 汉兴，因秦制度，崇恩德，行简易，以抚海内。至武帝攘却胡、越，开地斥境，南置交阯，北置朔方之州，兼徐、梁、幽、并夏、周之制，改雍曰凉，改梁曰益，凡十三部，置刺史。先王之迹既远，地名又数改易，是以采获旧闻，考迹《诗》《书》，推表山川，以缀《禹贡》《周官》《春秋》，下及战国、秦、汉焉。①

先秦时期，人们的地理观念由于秦、汉统一政治局面

① （汉）班固：《汉书》卷二八上《地理志上》，1543 页，北京，中华书局，1962。

的出现而更加发展了，也更加具体化了。显然，司马迁的血缘观念和班固的地理观念及其成果与影响，在中国历史上占有同等重要的地位。在此之后，在历代地理总志和有关的地理书中，可以清晰地看到这种地理观念的延续和发展，直至《大清一统志》。这是统一的多民族国家之历史认同的又一个重要方面。

最后说治统观念。上文讲到，治统是政治统治的继承性，它本质上是关于中国历史上历代政权的连续性的观念。对此，司马迁已经作出了他那个时代的记述与解说。《史记》中的《五帝本纪》《夏本纪》《殷本纪》《周本纪》《秦本纪》《秦始皇本纪》《项羽本纪》及西汉前期诸帝本纪等，还有《三代世表》《十二诸侯年表》《六国年表》《秦楚之际月表》等，已清晰地描述出治统的轨迹。尽管后来班固不承认秦、项，但还是力主"汉绍尧运"。历史上种种正闰之争"中国"之争、正统之争，总的方向都没有脱离治统的轨迹。治统的渊源，自是"五帝三王"；随着历史的发展，其内涵则往往是指汉唐政治。如果说羯族出身的石勒不敢以"轩辕之亚"自居，表明若遇汉高祖"当北面而事之"、若遇汉光武帝则"并驱于中原"[①] 是真诚的表白的话，那么，唐高祖李渊说的东晋十六国、南北朝诸王朝"莫不自命正朔，绵历岁祀，各殊徽号，删定礼仪。至于发迹开基，受终告代，嘉谋善政，名臣奇士，立言著绩，无乏于时"[②] 云云，则显示出他作为政治家的宏大气度。这是从不同的角度、以不同的方式反映出对于治统的共识。其他如辽圣宗留心于唐朝的统治经验，并阅读《唐书》中的高祖、太宗、玄宗本纪，大臣马得臣"乃录其行事可法者进之"[③]。又如，元初，大臣王鹗向元世祖建议修撰前朝史认为这是为了"以见祖宗盛德得天下辽、金、宋之由，垂鉴后世，做一代盛典[④]。又如，元至顺四年（1333 年），有人重刻唐代史家吴兢所撰《贞观政要》一

---

① （唐）房玄龄等：《晋书》卷一〇五《石勒载记下》，2749 页，北京，中华书局，1974。
② （宋）宋敏求编：《唐大诏令集》卷八一，466 页，北京，中华书局，2008。
③ （元）脱脱等：《辽史》卷八十《马得臣传》，1279 页，北京，中华书局，1974。
④ （元）苏天爵：《元朝名臣事略》卷十二，239 页，北京，中华书局，1996。

书，前翰林学士吴澄作序称，夏、商、周、汉、唐各有美
政，"然譬之行远必自迩，譬之登高必自卑，则《贞观政
要》之书，何可无也！"①前奎章阁大学士郭思贞作序称：
"仁义之心，亘古今而无间，因其所已然，勉其所未至，
以进辅于圣朝，则二帝三王之治，特由此而推之耳。观是
编者，尚勖之哉！"②再如，清道光元年（1821 年），道光
皇帝祭黄帝陵文中有"惟致治莫先稽古""四千年帝绪王
猷"③等语。凡此，都是在从不同方面强调治统的重要。尤
其是隋唐以降，不论是以契丹贵族为主体的辽朝最高统治
集团、以蒙古贵族为主体的元朝最高统治集团以满族贵族
为主体的清朝最高统治集团、以汉族贵族为主体的各个王
朝的最高统治集团，都承认并尊重这个治统的传统。在这
个意义上的历史认同的重要性是不言而喻的，因为它代表

---

① 李修生主编：《全元文》卷四八五《贞观政要集论序》，345 页，南京，江苏古
　籍出版社，1998。
② （唐）吴兢撰，谢保成集校：《贞观政要集校》附录《郭思贞序》，576 页，北京，
　中华书局，2009。
③ 《清道光元年御制祝文碑》，https://huangdi.shaanxi.gov.cn/news/detail/4320#，
　2019-08-20。

着当时的主流意识形态。

二、关于文化认同的传统

文化认同的传统，主要表现在心理、制度、道统三个方面。

一是关于心理方面。这主要指人们在心理上对不同民族文化的相互理解、沟通和包容。《诗经》是中国最早的典籍之一，它对西周、春秋以至于后来人们心理的影响是很大的。周灵王十三年（前 559 年），在一次会盟活动中，晋国大夫范宣子不同意姜戎首领戎子驹支参与会盟，于是发生了激烈的争执。戎子驹支在回顾了晋戎关系史、陈述了诸戎对晋国的开发和发展的种种贡献后，慨然说道："我诸戎饮食衣服不与华同，赘币不通，言语不达，何恶之能为？不与于会，亦无瞢焉。"乃"赋《青蝇》而退"。①

① （春秋）左丘明撰，（晋）杜预集解：《春秋左传集解》卷一五，451 页，南京，凤凰出版社，2015。

《青蝇》是《诗经·小雅》中的一篇，凡三章：

营营青蝇，止于樊。岂弟君子，无信谗言。

营营青蝇，止于棘。谗人罔极，交乱四国。

营营青蝇，止于榛。谗人罔极，构我二人。①

这是一首讽刺统治者听信谗言而误国的诗，戎子驹支在这种郑重的场合把它念出来，表明他认同此诗的含义。这使范宣子十分感动，于是"宣子辞焉，使即事于会，成恺悌也"②。这真是一段反映在心理方面的文化认同的历史佳话。在文化认同的心理方面，孔子是一位雍容大度的学者。周景王二十年（前525年），鲁昭公设宴招待郯子。有人问郯子："少皞氏鸟名官，何故也？"郯子井井有条地作了一番回答，讲得很有道理。孔子听说此事，"见于郯

<hr />

① （清）阮元校刻：《十三经注疏·毛诗正义》卷一四《青蝇》，1039页，北京，中华书局，2009。
② （春秋）左丘明撰，（晋）杜预集解：《春秋左传集解》卷一五，451页，南京，凤凰出版社，2015。

子而学之。既而告人曰:'吾闻之,天子失官,学在四夷,犹信。'"①郯人非夷,然与夷杂居,故孔子有此言。这件事生动地表明了孔子的文化心态:一是相信"天子失官,学在四夷"的说法,二是虚心向别人学习自己所未知的知识,而不考虑民族的界限。正因为如此,孔子产生了"欲居九夷"②的想法。孔子的这种文化心态,反映了当时"诸华"与"诸夷"在文化上走向融合的趋势。此后,十六国时,石勒喜读《汉书》。③南北朝时,北魏与萧齐互遣使臣通好,魏孝文帝常对臣下说:"江南多好臣。"④金朝时,金世宗设立译书所,翻译《五经》、"十七史"等书,他说翻译《五经》是要使女真人"知仁义道德所在"⑤。这些

①　(春秋)左丘明撰,(晋)杜预集解:《春秋左传集解》卷二三,687～688页,南京,凤凰出版社,2015。
②　(清)阮元校刻:《十三经注疏·论语注疏》卷九《子罕》,5409页,北京,中华书局,2009。
③　参见(唐)房玄龄等:《晋书》卷一〇五《石勒载记下》,2741页,北京,中华书局,1974。
④　(梁)萧子显:《南齐书》卷五七《魏虏传》,992页,北京,中华书局,1972。
⑤　(元)脱脱等:《金史》卷八《世宗下》,185页,北京,中华书局,1975。

认识、观念，都从不同的角度反映出各族在心理上的文化认同。正是有了这种文化认同，才有元代大德年间的历代正史刻本，才有明代《永乐大典》和清代《四库全书》的纂修这些大型文化工程。

二是关于制度方面。制度文化是文化的一个重要方面。孔子说："周监于二代，郁郁乎文哉！吾从周。"① 又说："殷因于夏礼，所损益，可知也；周因于殷礼，所损益，可知也。其或继周者，虽百世，可知也。"② 这表明夏、商、周三代的制度是有连续性的。战国时期，有赵武灵王胡服骑射，这是华族对胡人的学习。南北朝时，北朝有许多制度是南朝人帮助制定的，而魏孝文帝改革也包含了不少"汉化"的内容。隋唐的若干制度却又源于北朝，并成为基本的定制。辽朝实行南面官、北面官，南面官以汉制治汉人，北面官以契丹制治契丹人，反映了制度文化认同与

① （清）阮元校刻：《十三经注疏·论语注疏》卷三《八佾》，5358 页，北京，中华书局，2009。
② （清）阮元校刻：《十三经注疏·论语注疏》卷二《为政》，5349 页，北京，中华书局，2009。

融合过程中的阶段性特点。金朝实行科举考试制度，是从隋唐制度中得到的借鉴。元朝和清朝是中国历史上的两个统一的大朝代，它们的制度都带着一些蒙古族和满族原有的民族特色，但其主流则仍是汉、唐、两宋以来制度的沿袭和发展。清代乾隆皇帝评论唐代史家杜佑所撰典制体通史《通典》一书时说得好：此书"本末次第，具有条理，亦恢恢乎经国之良模矣！"[1] 这或许可以看作各族对中国古代制度文化之认同的代表性言论。

　　三是关于道统方面。道统在本质上是指周公、孔子以来的思想传统。其人生价值的理想境界，是修身、齐家、治国、平天下，故必须"自强不息"[2]"厚德载物"[3]；其立身行事的准则，是仁、义、忠、信；其社会伦理思想，是

---

① （清）乾隆：《御制重刻〈通典〉序》，见（唐）杜佑撰，王文锦、王永兴、刘俊文、徐庭云、谢方点校：《通典》附录一，5513 页，北京，中华书局，1988。
② （清）阮元校刻：《十三经注疏·周易正义》卷一《乾卦》，24 页，北京，中华书局，2009。
③ （清）阮元校刻：《十三经注疏·周易正义》卷一《坤卦》，32 页，北京，中华书局，2009。

君君、臣臣、父父、子子；其处世方法，是主张"中庸"
等。这些都是经书所提倡的。《隋书·经籍志》经部总
序云：

　　夫经籍也者，机神之妙旨，圣哲之能事，所以经
天地，纬阴阳，正纪纲，弘道德，显仁足以利物，藏
用足以独善，学之者将殖焉，不学者将落焉。大业崇
之，则成钦明之德，匹夫克念，则有王公之重。其王
者之所以树风声，流显号，美教化，移风俗，何莫由
乎斯道？故曰："其为人也，温柔敦厚，《诗》教也；
疏通知远，《书》教也；广博易良，《乐》教也；洁静
精微，《易》教也；恭俭庄敬，《礼》教也；属辞比
事，《春秋》教也。"遭时制宜，质文迭用，应之以通
变，通变之以中庸。中庸则可久，通变则可大，其教
有适，其用无穷，实仁义之陶钧，诚道德之橐籥也。
其为用大矣，随时之义深矣，言无得而称焉。故曰：
"不疾而速，不行而至。"今之所以知古，后之所以知

今，其斯之谓也。[①]

其后，宋人朱熹编辑《四书》，他所提倡的大致也是这些道理。清代修《四库全书》，其经部总叙说："盖经者非他，即天下之公理而已。今参稽众说，务取持平，各明去取之故，分为十类：曰易、曰书、曰诗、曰礼、曰春秋、曰孝经、曰五经总义、曰四书、曰乐、曰小学。"[②]用历史的观点来看，《隋书·经籍志》经部总序是关于中国古代思想即精神文化的一次总结，而《四库全书》经部总叙则是在新的历史条件下关于中国古代精神文化的又一次总结。其间经历了悠久的岁月，同时也包含了中国历史上许多民族的思想认同，进一步反映了所谓道统的传统。这对于统一的多民族国家的发展和巩固具有十分重大的作用和意义。

最后，我要说明两点：第一，在中国历史上，也存在

---

① （唐）魏徵等：《隋书》卷三二《经籍一》，903 页，北京，中华书局，1973。
② （清）永瑢等：《四库全书总目》卷一《经部一》，1 页，北京，中华书局，1965。

着与各族历史文化认同趋势相悖的言论和思想，但历史已经证明，这些言论和思想并不符合与顺应中国历史发展的潮流；第二，19世纪中期以后，中国受到殖民主义、帝国主义的侵略，令国人震惊，眼界和思想由此都发生了极大的变化，国家观念、疆域观念、民族观念、文化观念等也都发生了极大的变化，中华民族的历史文化认同的优良传统从而进入了一个新的发展阶段。

后　记

在校阅书稿清样时，发现有的引文中存在漏字、错字以及有的注文讹误等，均一一作了订正。原北京三中历史教师朱尔澄（北京市特级教师）和在读博士研究生宣扬、吴文杰、刘嘉诚三位同学协助我做了校对工作，我向他们表示谢意！

瞿林东

2024 年 8 月 16 日

图书在版编目（CIP）数据

中华民族史论八讲/瞿林东著. --北京：北京师范大学出版社，2025.4.
（铸牢中华民族共同体意识研究丛书）. -- ISBN 978-7-303-30313-7

Ⅰ.K28

中国国家版本馆 CIP 数据核字第 2024QB4348 号

ZHONGHUAMINZU SHILUN BAJIANG

出版发行：北京师范大学出版社 https：//www.bnupg.com
　　　　　北京市西城区新街口外大街 12-3 号
　　　　　邮政编码：100088
印　　刷：北京盛通印刷股份有限公司
经　　销：全国新华书店
开　　本：130 mm×200 mm　1/32
印　　张：9.625
字　　数：140 千字
版　　次：2025 年 4 月第 1 版
印　　次：2025 年 4 月第 1 次印刷
定　　价：68.00 元

策划编辑：刘东明　张梦旗　　　责任编辑：李春生
美术编辑：王齐云　　　　　　　装帧设计：王齐云
责任校对：丁念慈　　　　　　　责任印制：赵　龙